La forja de la gloria

ANTONIO ESCOHOTADO
CON LA COLABORACIÓN DE JESÚS BENGOECHEA

LA FORJA DE LA GLORIA

Breve historia del Real Madrid contada
por un filósofo aficionado al fútbol

ESPASA

© La Emboscadura, 2021
© Real Madrid C. F., 2021
© Editorial Planeta, S. A., 2021
Espasa es un sello editorial de Editorial Planeta, S. A.
Avda. Diagonal, 662-664
08034 Barcelona

© Antonio Escohotado, 2021
© Jesús Bengoechea, 2021

Editor: Jorge Escohotado Álvarez de Lorenzana

Preimpresión: Safekat, S. L.

Depósito legal: B. 16.410-2021
ISBN: 978-84-670-6400-1

Imágenes de interior: © Real Madrid C. F., Centro de Patrimonio Histórico (Fundación Real Madrid); At,b Bilbao-Barcelona F. C./Campeonato Nacional de Liga, 1940-1941. Euskadiko Artxibo Historikoa-Archivo Histórico de Euskadi. Fondo fotográfico Germán Elorza Arrieta/C12F3_GE7103 y © Europa Press/Contacto.
Iconografía: Grupo Planeta

No se permite la reproducción total o parcial de este libro, ni su incorporación a un sistema informático, ni su transmisión en cualquier forma o por cualquier medio, sea este electrónico, mecánico, por fotocopia, por grabación u otros métodos, sin el permiso previo y por escrito del editor. La infracción de los derechos mencionados puede ser constitutiva de delito contra la propiedad intelectual (arts. 270 y siguientes del Código Penal).

Diríjase a CEDRO (Centro Español de Derechos Reprográficos) si necesita fotocopiar o escanear algún fragmento de esta obra. Puede contactar con CEDRO a través de la web www.conlicencia.com o por teléfono en el 91 702 19 70 / 93 272 04 47.

Espasa, en su deseo de mejorar sus publicaciones, agradecerá cualquier sugerencia que los lectores hagan al departamento editorial por correo electrónico: sugerencias@espasa.es

www.espasa.com
www.planetadelibros.com

Impreso en España/*Printed in Spain*
Impresión: Huertas, S. A.

El papel utilizado para la impresión de este libro está calificado como **papel ecológico** y procede de bosques gestionados de manera **sostenible**.

ÍNDICE

Breve historia del campeón más laureado
por Antonio Escohotado

La luz del pasado remoto	17
Un fratricidio compartido	26
De la guerra caliente a la fría	29
La globalización primitiva del espectáculo	38
Presagios del siglo XXI	40
El penúltimo salto	45
El acicate de la rivalidad	54
Las metamorfosis del afecto	59

El detalle de la gloria
por Jesús Bengoechea

1. La polémica de la Segunda	67
2. Una tempranísima vocación universal	68
3. Los primeros *Galácticos*	70
4. El Atlético de Madrid, verdadero equipo del régimen	71
5. Las catacumbas del Real Madrid	73
6. Una historia de gratitud	77

7. La construcción del Bernabéu, fruto del ahorro de la clase trabajadora y la clase media madrileña 80
8. Desmontando la leyenda negra del fichaje de Di Stéfano 83
9. Con amigos como Franco, ¿quién necesitaba enemigos? 88
10. La figura trascendental de Saporta 90
11. Los eslabones de la gloria 91
12. Que vienen los *Galácticos* 94
13. Breve historia de algunos clásicos 97
14. Un club comprometido con el mundo en que vive 103
15. El Real Madrid y los árbitros 105
16. Real Madrid, presente y futuro 107

Manifiesto madridista
por Jorge Escohotado

La diferencia 115
La exigencia 118
El goce 120
El homenaje 122

«La excelencia es tan sublime como rara».
Spinoza

Breve historia del campeón más laureado

por
Antonio Escohotado

Solo la experiencia acumulada justifica que un octogenario, otrora profesor de Filosofía, ose dirigirse al colosal número de seguidores conquistados por el Real durante más de un siglo para rememorar su historia a grandes rasgos, contando con la colaboración de Jesús Bengoechea y de mi hijo Jorge para matizar algunos aspectos y profundizar en otros.

El azar hizo que teniendo nueve años estuviera en un palco del Maracaná cuando nuestra selección prevaleció sobre la inglesa en 1950 merced al gol de Zarra, eliminando al equipo del país que había inventado el fútbol en el mayor estadio jamás construido para su práctica. Brasil salió quemado muy amargamente del último partido, pero iba a ser el único en ganar hasta cinco Copas mundiales más adelante, y nos endosó un 6-1 en la liguilla previa. Molowny, un tinerfeño con sangre irlandesa, fue el único merengue incorporado a aquella selección, y como vino a almorzar un día a casa peloteó antes un rato con mis amiguetes en la arena de Copacabana, que al no estar compactada como las de Canarias promovió jugadores excepcionalmente fuertes y técnicos, capaces de controlar la pelota incluso allí. Como mi padre acabó comprándonos camisetas rojas y calzón azul, creamos un equipo de seis que aprovechaba las pocas porterías con red levantadas en la playa, y así estuvimos hasta 1954, jugando contra otros mini equipos y a veces disfrutando de tocarla junto a los verdaderos genios, entre ellos Zizinho —el Cristiano brasileño de su tiempo— y de Chico, que le endosó un par de tantos a la Roja en el mencionado 6-1.

Zizinho, un mulato corpulento y bonachón, nos dejó boquiabiertos con un zambombazo al larguero capaz de desencuadernar una de las crucetas —recuérdese que eran balones de cuero, cuyo peso se podía doblar al empaparse y venir envuelto en arena—, y quizá no he conseguido cerrar la quijada del todo tras algo tan parecido a un acto sobrenatural. Sea como fuere, lo curioso fue que de vuelta a España el gambeteo carioca me llevase al equipo del colegio, y de allí a pisar una mañana el Bernabéu como potencial alevín, junto con chavales de otros institutos, donde reencontré a un Molowny que, por supuesto, no me reconoció. Tampoco le gustó a mi jefe que soñara siquiera con jugar en serio, advirtiéndome que el fútbol era cosa de infelices, donde solo poquísimos lograban ganarse la vida más allá de una década. Como entonces solíamos respetar el consejo paterno, me conformé con ser aficionado, una actitud sin duda menos arriesgada y sin límite temporal de la que sigo disfrutando casi a lo bestia, si me admiten la metáfora.

Qué gozada iba a ser en adelante ver fútbol, sobre todo siendo madrileño y de familia merengue, con un padrino —el tío Mariano— que me contaba las excelencias de unos y otros desde los años 20. Vio jugar en el antiguo Chamartín a Bernabéu, un delantero al que llamaba «corajudo y eficaz», porque su forma poco fluida de moverse tampoco le impedía rematar con mucho tino. A diferencia de él, mis padres se tomaban el fútbol con algo parecido a un gentil desinterés, y desde la vuelta del trópico pasó tiempo hasta que mi jefe se compadeció del interés por ver al Madrid de las tardes gloriosas, y demostrara otra vez su largueza comprando dos tribunas de preferencia bien centradas, que entonces solo se conseguían muy caras y en reventa, para el partido total del año: la final de la segunda Copa de Europa en su antiguo formato, un 30 de mayo de 1957.

Años antes había pisado el césped de un estadio vacío, pero aquella tarde lo nimbaba el clamor de 125.000 personas —algo más de la mitad congregada en 1950 por el Maracaná—, y ya en los primeros cinco minutos vi cosas que no daba por posibles. La Fiorentina había ganado su Liga gracias ante todo a un extremo derecho brasileño de terrorífico disparo, Julinho, que le disputaría largamente a Garrincha su lugar en la selección, y como los italianos sacaron no tardó un segundo en cogerlo, regatear a dos, acabar cerca del banderín de córner y poner un centro tenso a la cabeza del delantero centro, cuyo remate se fue fuera por poco. Enmudecida la multitud, el impacto de su borceguí contra el cuero resonó como un disparo de escopeta, haciendo que la pelota volase cuarenta metros con la precisión de un pase corto. Segundos después Rial y Gento respondieron con una filigrana marca de la casa, avanzando con tres paredes que empezaron siendo un tuya-mía de cabeza y terminaron en un pase profundo aparentemente inalcanzable, aunque Gento nos levantó a todos del asiento llegando de sobra, y centrando con una potencia parecida a la de Julinho.

El resto del encuentro fue un tenso forcejeo, donde los italianos trabaron el juego hasta limitar las ocasiones de gran peligro a una arrancada vertical de Di Stéfano desde medio campo, que terminó en un castañazo salvado con una gran palomita por su portero. Asustado anduve viendo cómo resistía un equipo rocoso, capaz de ponerle las cosas difíciles hasta a él, cuando el árbitro pitó un penalti que don Alfredo convirtió a su manera: tomando una larga carrerilla y asegurándose meterla entre los tres palos, a menudo centrada pero demasiado fuerte para admitir reacción, como cuando los tenistas la tiran de cerca al cuerpo. Recuerdo que a mi padre —y a algún espectador próximo— le parecieron comprensibles las protestas de la Fiore, entendiendo que la falta pudo haber ocurrido sobre la línea, e incluso un palmo fuera[1]; pero seis minutos después Gento hizo gala de su pasmosa velocidad, y salvó la salida del portero con un toque sutil.

Todos supimos que el Madrid volvía a ser campeón, y en el torbellino de impresiones juveniles se me quedaron grabadas ante todo dos. Una era el rubio que lo hacía todo absolutamente, incluyendo soltar la tarascada oportuna al broncas del equipo contrario; otra, un público no ajeno al sentido crítico, ni conforme con ganar de cualquier manera. Casi siete décadas después comprendo que hacerlo «en buena lid» —según reza el himno— fue decisivo para acabar ganando más que nadie, de largo, y también que la pasión de Di Stéfano por el juego quedó impresa en el club como un aliento heroico, capaz de reaparecer antes o después con efectos devastadores para el rival.

La luz del pasado remoto

Pero basta de recuerdos personales. Sin perjuicio de ser ya mucho, ni la voluntad de excelencia, ni la excelencia encarnada por el propio don Alfredo, acaban de explicar cómo surgió la más prestigiosa e influyente de las instituciones españolas, así como una de sus más ingeniosas y sólidas empresas mercantiles. Solo repasar el ayer ayudará a tales fines, despejando de paso algunos malentendidos.

El Madrid lo fundaron dos próceres catalanes afincados en la capital, miembros de una familia adelantada a su tiempo que partió de un negocio textil fundado por el padre en Mataró, cuya hermana Matilde fue la primera licenciada en Filosofía y Letras del país. Los Padrós abrieron un amplio y un céntrico local —sito en la calle Alcalá esquina Cedaceros— con la novedosa tienda llamada El Capricho, donde por primera vez se vendieron lanas de cashmire y el más refinado algodón egipcio, que algunos confunden con una mercería cuando más bien llegó a superar los doscientos empleados y fue la sensación del momento, origen de la amistad entre Juan Padrós y Alfonso XIII, y de la cual partió el «Real» añadido a su nombre.

Como buena parte de la burguesía madrileña, la familia del rey frecuentaba El Capricho, aunque los Padrós estuviesen lejos de ser conservadores a la antigua. Juan, el mayor, murió relativamente joven, legando su patrimonio a construir una densa red de albergues para indigentes; Carlos fue diputado liberal en tres legislaturas, y ambos defendieron a capa y espada el programa expuesto por la Institución Libre de Enseñanza, que acabaría logrando separar Iglesia y Estado en todos los niveles pedagógicos. La ILE evocó entre otros los denuestos del cardenal Sardá y Salvany, expuestos en *El liberalismo es pecado* (1884), pues para carlistas, integristas y neocatólicos un sistema educativo laico equivalía a rechazar cualquier dogma en materia religiosa, política o moral, y eso les pareció tan diabólico como ruinoso para colegios, institutos y universidades del clero.

Solo un abrumador apoyo nacional e internacional sacaría adelante su proyecto; pero lo cierto es que contó con él desde sus comienzos, y tiene gracia que fuesen alumnos de la Institución en su sede madrileña los primeros jugadores y directivos del equipo, cuando todos lo llamaban *football* y lo más sufrido de su práctica era hacerlo sobre tierra. Como cualquier entrada seria da con uno o varios por los suelos, jugar como es debido se pagaba con aparatosos rasponazos en manos y piernas, imponiendo a las sufridas madres hacer de enfermeras y de costureras remendonas, dependiendo de que sus hijos usaran calzones o pantalón largo durante los recreos.

Por supuesto, los Padrós no fueron ni mucho menos pioneros del balompié, un deporte que empezó a practicarse con entusiasmo a mediados del siglo previo, y floreció gracias a la competencia de Eton y Rugby, dos de las nueve *great schools* británicas, la segunda dedicada al «juego de correr» y la primera al de «regatear» *(dribbling);* y tampoco fueron los primeros promotores españoles de este deporte, cuyo club decano fue el Recreativo de Huelva, sin duda porque durante décadas ningún complejo minero mundial se acercó siquiera al de Río Tinto, y la profusión de operarios e ingenieros ingleses empezó a difundir el juego en la provincia.

Pero sí fueron decisivos por combinarlo con el ideario de la ILE, y por ser Carlos Padrós quien firmó con delegados de otros seis países europeos el acta fundadora de la FIFA, no en nombre de España sino curiosamente en el de «Real Madrid F. C.»[2]. Eso pudo contribuir a que su equipo cargara tan precozmente con el compromiso cosmopolita, un rasgo llamado a tornarse decisivo cuando Santiago Bernabéu se aplicó a crear el mayor escaparate de glorias futbolísticas, construyendo al efecto el primer campo español de aforo colosal, donde entre cuotas de socios y ventas de entradas fue habiendo dinero para contratar a las estrellas de donde fuese, hasta armar el primer ataque con cuatro foráneos, formado por Kopa, Rial, Di Stéfano, Puskas y Gento.

Por otra parte, tal hito se demoró algo más de medio siglo, y al correlacionar la historia del club blanco con la de otros equipos españoles descubrimos básicamente dos etapas. La primera se abrió en 1904, cuando diversos torneos locales y regionales desembocaron en un campeonato nacional rápido —por jugarse mediante sistema eliminatorio—, que empezó llamándose Copa del Rey, durante un fugaz interludio Copa del Presidente de la República y casi tres décadas Copa del Generalísimo, hasta volver a llamarse del Rey y de España indistintamente. Desde su fundación crecerían tanto el volumen de aficionados como la pericia de las plantillas, aunque el país anduviese sumido en la resaca del 98, último capítulo de un Imperio en bancarrota desde el siglo XVI, que el fútbol reflejó limitando los equipos a las zonas con algún desarrollo económico, y repartiendo los primeros títulos de campeón entre la capital y vascongadas.

De hecho, no hay un jugador de renombre hasta 1919, y va a serlo Pepe Samitier —a quien se llamará «el Mago» por su dominio de la pelota—, que fichó inicialmente a cambio de un traje con chaleco y un reloj con números fluorescentes. Luego brillará y ganará buen dinero como goleador del Barcelona, y del Madrid, aunque no antes de que España asimile el balón de oxígeno derivado de su neutralidad durante la Gran Guerra. Tal cosa empezó pareciendo catastrófica material y políticamente pero redundaría en lo contrario, pues abastecer a los beligerantes revalorizó la ancestralmente devaluada peseta, con lo cual pudo acometerse la construcción de carreteras, presas, plantas fabriles y otras infraestructuras postergadas por los gabinetes previos. España llevaba décadas siendo un país envenenado por el caciquismo conservador y el terrorismo anarcocomunista, que tras fulminar a la Primera República —con la tercera guerra carlista y los alzamientos cantonales— quería y no podía convertirse en el país europeo desarrollado que le tocaba ser, por historia y situación geográfica.

Desgarrada por rencores sociales y regionales como los que provocaron la Semana Trágica de Barcelona (1909) y culminaron en el fiasco militar de Annual (1921), España era una combinación de rabia, atraso y desidia capaz de llenar campos de fútbol, pero también de sufrir unos diez mil muertos durante día y medio en la guerra de Marruecos, a despecho de combatir contra vetustas espingardas. Teóricamente provistos de ametralladoras y artillería, once regimientos fueron llevados al desierto con agua potable para dos días, balas para tres y cirujanos privados no solo de anestésicos sino de formol y alcohol para esterilizar su instrumental, fruto de un Ejército que vetó sin rubor cualquier investigación en profundidad de la catástrofe. Por entonces solo el absolutismo ruso osaba lanzar masas indefensas como carne de cañón para empresas insensatas, y no en vano a Rusia le esperaba una guerra civil seguida por la más férrea y prolongada dictadura de los anales.

Parecida por miserias físicas y éticas al gigante zarista, España aplazó su estallido fratricida operando como despensa de alimentos, armas, uniformes, metales y carbón para los contendientes, mientras el surco abierto por Samitier lo irían ampliando leyendas como Zamora, que redefinió la función del portero y acabó recalando en el Real Madrid, al igual que el velocísimo Regueiro y los centrales Ciriaco y Quincoces[3]. Con ellos llegó el lustro más brillante desde sus orígenes, aupado sobre un crecimiento en entusiasmo y poder adquisitivo de sus socios, gracias al cual podrá inaugurarse en 1924 el primer Chamartín, un estadio con capacidad para quince mil espectadores y al fin de hierba permanente, cuando el club era una suma de castizos e internacionalistas, falto aún del rival interno que sería el Atlético de Madrid tras terminar la Guerra Civil.

El juego siguió a la industria, y hasta qué punto pesaron en la calidad de sus plantillas las fábricas de la capital, sumadas al textil catalán, la siderurgia vasca, la minería y los astilleros de la cornisa cantábrica lo delata el cuadro de campeones desde 1915. Laureados algunos repetidamente, los únicos en conquistar la Copa hasta 1935 serían el Athletic de Bilbao, el Arenas de Guecho, el Real Madrid, la Real Sociedad (ganó como Club Ciclista de San Sebastián, germen de la Real), el RCD Español, el Real Irún y el Barcelona. Solo el Athletic Club se alzaría con ella ocho veces, pues el Madrid se limitó a ganarla dos años (1917 y 1934), y el Barcelona a hacerse con ella en cinco ediciones.

En 1929, al surgir la Liga un 23 de noviembre, a esos seis se sumaron el Español barcelonés, el Atlético de Madrid y el Europa barcelonés, los más tenaces subcampeones del campeonato copero, y para disponer de un número par se incorporó como décimo el Racing de Santander, tras ganar al Sevilla, quedando todo el resto agrupado en Segunda División, de la cual no tardarían en emerger equipos revelación como el Betis y el Valencia.

Durante los años 20 la relativa bonanza económica se fortaleció con la dictadura de Primo de Rivera, que a despecho de su pésimo nombre mantuvo la paz y el desarrollo en un país políticamente ingobernable, por deparar mayorías demasiado precarias, y rivales lo bastante fanáticos como para recurrir por sistema al fraude. Pero Primo de Rivera dimitió a los cinco años de intentar poner orden, harto de calumnias y de mediar entre sordos tramposos, y su dimisión no tardó en precipitar la carnicería de Asturias (1934) y la atroz serie de eventos ulteriores, donde los asesinatos y desmanes de un bando y otro irían dibujando una espiral ascendente, mientras bruscas subidas de salarios se pagaban con pérdida de capacidad adquisitiva real, y la quiebra de innumerables empresas multiplicaba el desempleo.

Desde la Primera Guerra Mundial la parroquia madridista se había acostumbrado a tener un equipo tan entusiasta como sus socios, cuya propensión al ataque le valdría infligir y sufrir varias goleadas de escándalo, aunque carecer de filmaciones nos impida apreciar hasta qué punto consideraríamos *cracks* a sus futbolistas más destacados. Los más antiguos, cuyas evoluciones se llevaría a la tumba la generación de mi tío Mariano, empezaron siendo el ingeniero franco-español conocido como René Petit —el primer medio centro ofensivo, capaz de coordinar la caótica sala de máquinas tradicional— y Bernabéu, que acabó cediendo su puesto al gallego Juanito Monjardín, legendario por arrestos, fuerza y remate de cabeza, forzado a retirarse precozmente por una lesión. Su sustituto inmediato fue otro 9, Gaspar Rubio, cuyo apodo —«Rey del astrágalo»— no partió de habilidades con el tacón sino de alegar dolores en esa zona. Por lo demás, marcó trece goles en la temporada 1928-1929 y diecinueve en la 1929-1930, y más de un periódico foráneo le consideró el mejor jugador del mundo, gracias a los numerosos partidos que el Real jugaba ya en Europa y Latinoamérica.

El prolífico y problemático Rubio, anticipo de futuras estrellas balompédicas lastradas por el mal vino, emigró pronto a América; el Madrid compensará tanto su pérdida como la vuelta de Petit al Irún haciéndose con su famosa zaga infranqueable, que le depararía otras dos antes de escindirse el país en rojos y azules o nacionales. Aquellos años pudieron ser los más completos técnicamente del equipo, y en todo caso los más preñados también de presagios siniestros. La amalgama de localismo y cosmopolitismo había creado una institución tan ambiciosa como frágil, dispuesta a ganarlo todo con merecimiento cuando se exacerbaba hasta extremos inauditos lo que Machado llamó reino de «la charanga y la pandereta / la sacristía, Frascuelo y María».

Por supuesto, en esta breve crónica no tiene sentido ponerse a discernir sobre héroes y villanos en la guerra que estalló el verano de 1936, aunque tampoco quepa pasar por alto algunos equívocos surgidos después, y en particular que los blancos fuesen el equipo del régimen franquista. Como el agua derramada no puede recogerse, y el espíritu cívico opta siempre por la concordia, en 1978 todos los portavoces de ese espíritu felicitaron a España por una transición pacífica a las reglas democráticas, que parecía enterrar los ecos del rencor ancestral. Sin embargo, Gobiernos recientes se han mostrado dispuestos a desenterrarlo, aprobando incluso una ley sobre memoria histórica llamada a consagrar la amnesia, y como ni el Real Madrid fue el equipo del nuevo régimen, y tampoco el Barcelona dio signos de ser «més que un club», bastarán un par de precisiones.

La primera y más básica es que —a despecho de ser estadísticamente ínfimo— el bolchevismo español hizo y deshizo en el primer Gobierno republicano, y a los dos meses de empezar la guerra su ministro de Hacienda, Negrín, cedió a Stalin —en pago por apoyo militar—

gran parte del oro custodiado por el Banco de España, tercera reserva mundial por entonces. Cuando la prensa extranjera confirmó esa noticia, desmentida obstinadamente por Negrín, el desplome de la peseta hizo inviable o ruinosa toda suerte de importación, y generalizó una escasez ya crónica en algunas zonas, porque ningún territorio fue, es o será económicamente autárquico.

Sostener el flujo de adquisiciones externas pasaba por depositar aquella reserva como garantía en cualquiera de las grandes Bolsas entonces, que eran Londres, Nueva York y París; pero el marxismo-leninismo ignora por sistema que el abastecimiento depende de la divisa, y el territorio supuestamente republicano —gobernado en alta medida por el embajador y los asesores soviéticos— padeció no solo una inflación vertiginosa, sino una guerra civil subrepticia entre bolcheviques, trotskistas y anarquistas. Hitler y Mussolini resultaron ser mucho más generosos con sus secuaces que Stalin con los suyos, y entre otras razones por eso conservaron la iniciativa. Para los liberales y socialdemócratas españoles de entonces lo catastrófico fue no tener nunca una capacidad decisoria remotamente comparable con la del jerarca ruso.

La segunda precisión deriva de la primera, y es la tasa de ardor combatiente observada en un bando y otro, que multiplicó las deserciones en el ejército de la bandera tricolor, y habría perdido la guerra antes del otoño de no llegar las Brigadas Internacionales, un contingente mucho más motivado que las tropas del general Miaja y el Gabinete inicial, dispuesto a huir a Valencia antes de que resonara un cañón en la distancia. Disponemos de crónicas como las del brigadista George Orwell, una persona moralmente impecable, narrando de primera mano los dos primeros años de la guerra, y quien tenga la buena fe de querer informarse descubrirá hasta qué punto el bando en teoría democrático fue perjudicado por la sovietización.

UN FRATRICIDIO COMPARTIDO

Por lo demás, de todas las capitales de provincia solo Madrid resistió hasta el final, dando muestras de un heroísmo no exento de ironía trágica, pues quizá la mitad o más de sus moradores vivieron acosados por un centenar largo de checas, que empezaron asesinando a millares de presos en Paracuellos, entre ellos al comediógrafo Muñoz Seca —reo de «ser monárquico»—, cuya vis cómica se mantuvo hasta espetarle al pelotón de fusilamiento: «Temo caerles mal». Sea como fuere, lo manifiestamente falso es que el Real Madrid fuera bien visto por los vencedores, y la prueba más inmediata es lo ocurrido con su presidente, Rafael Sánchez-Guerra, miembro de un ilustre linaje republicano —su padre había sido primer ministro y él, concejal de Madrid desde 1931 a 1939—, que confió en haber protegido a muchas personas y familias perseguidas por chequistas durante la guerra, aunque empezó siendo condenado a prisión perpetua. Reconocerle dichos servicios no tardó en conmutar la condena, pero su corazón republicano aprovechó la libertad para incorporarse al Gobierno socialista en el exilio.

De hecho, es tan incalculable como irrelevante la proporción de aficionados madridistas afectos a una u otra postura política, y solo malentendidos más o menos interesados sostendrán a posteriori otra cosa, cuando los éxitos del club le pongan en la diana del resentimiento. Al terminar la guerra el único equipo con apoyo gubernativo es el Atlético de Madrid, que no en vano se llama Atlético Aviación Nacional[4]. Hasta 1923 estuvo vinculado al Athletic de Bilbao, y a partir de entonces fue tan independiente como pobre en materia de títulos, padeciendo el descenso, una crónica crisis financiera y hasta el asesinato de cierto jugador; pero adoptar la insignia de Ejército del Aire alteró de raíz la tendencia, y el beneplácito de la autoridad le irá robusteciendo en técnica y fuerza durante los años 40 —la edad de oro del Bilbao—, y a principios de los 50 pasa a practicar muy buen fútbol con figuras nacionales y foráneas, como Ben Barek y Carlsson, disponiendo de un campo digno como el Metropolitano. En su directiva había tanto altos mandos militares como capitostes de Falange o hermanos de ministro, cosa rematada por una coincidencia tan puntual como la del doctor Garaizábal, médico del club y también del Generalísimo.

Entretanto, un Real policialmente depurado sobrevivió con dificultad en Primera División, e hizo su travesía del desierto sin ganar una sola Liga hasta 1954, mientras la hegemonía del Atlético madrileño iba dando paso a una hegemonía del Barça. Lejos de engrandecerle la Guerra Civil estuvo a punto de fulminarlo[5], como a otros tantos equipos destacados del fútbol antiguo, y si tal cosa no ocurrió fue gracias a socios excepcionales como Parages, Urquijo y ante todo un Santiago Bernabéu que no tuvo hijos en su matrimonio, y perdió a ambos progenitores antes de terminar la licenciatura en Derecho. Eso pudo contribuir a que concentrase la devoción filial y la paternal en el club, donde fue el jugador más efectivo desde 1917 a 1927, asumiendo en adelante funciones directivas culminadas por la presidencia, que ostentó desde 1943 hasta su muerte, ocurrida treinta y cinco años más tarde.

En la empresa balompédica hay un antes y un después de Bernabéu, como acabaría reconociendo la FIFA al nombrarle «decano» de los presidentes, y Bengoechea acierta de lleno observando que su papel visionario partió de concebir una operación compleja, cuyo punto de partida fue aprovechar una afición específica —estimulada sobre todo por la esperanza de ver gran fútbol— para construir un estadio con un aforo superior al del Wembley inicial, adivinando que las rentas de taquilla bastarían para contratar a los mejores[6]. Tras albergar conatos de huerta en esquinas del campo durante la guerra, el viejo Chamartín era en 1939 un desguace, donde todo elemento de madera había ardido para calentar o cocinar, y la reanudación de la Liga coincidiría con un Real empantanado, que seguiría así tantos años como tomó abrir el nuevo estadio.

De hecho, buena parte de la prensa consideró que el proyecto era tan quimérico y ruinoso como construir los jardines colgantes de Babilonia en un secarral; pero estaba pensado más bien hasta sus últimos pormenores, que incluían repartir la propiedad entre quienes estuviesen dispuestos a suscribir una emisión de obligaciones[7], y a despecho de las severas estrecheces impuestas por la posguerra hubo miles y miles de personas dispuestas a hacerlo, que cubrieron la parte principal del gasto. Esto aseguró a su vez que la propiedad del club perteneciese a pequeñas economías familiares —hoy algo más de 91.000 socios—, la mejor garantía ante un desembarco de adquirentes singulares, con metas no menos singulares. En España solo ocurre lo mismo en el caso del Bilbao, el Barça y el Osasuna, y quizá no sea casual que los dos primeros equipos hayan eludido hasta ahora el descenso.

Sin embargo, al terminar los años 40 conviene levantar un momento la vista del balompié español, porque es en otro continente donde se está decidiendo el salto de calidad esperado por Bernabéu y la afición blanca.

DE LA GUERRA CALIENTE A LA FRÍA

Suele olvidarse que el fútbol contemporáneo —capaz de invertir lo bastante como para convertirse en vivero sostenido de estrellas— le debe no poco al origen del narcotráfico colombiano y al general Perón, fenómenos ambos inseparables de que la Guerra Fría llegase a Latinoamérica. La parte de Perón fue decretar que la Asociación del Fútbol Argentino (AFA) seguiría ligada al capricho de la Presidencia política, y una decisión de fijar topes salariales a los jugadores que provocaría su fuga a Colombia y luego a Europa, encabezados precisamente por Di Stéfano.

A sus veintiún años, en 1947, era ya el mayor artillero de la Liga argentina con la camiseta del River Plate

—llamado por entonces El Millonarios en Argentina—, y no tuvo inconveniente en ser el portavoz de una huelga general de compañeros, sin perjuicio de aclarar que no se quejaba de su privado sueldo. Le movía un sentimiento de solidaridad hacia jugadores «menos afortunados que yo», y el respeto debido a la libertad de contratación y asociación. Herido en su orgullo, Perón decretó en 1949 que ningún futbolista argentino cobraría más de mil quinientos pesos, y ese fue el banderín de salida para que Di Stéfano y otros cincuenta y seis compatriotas —entre ellos los legendarios Rossi y Pedernera— emigrasen precisamente al Millonarios de Bogotá.

Por su parte, en Colombia la propuesta norteamericana de ilegalizar el comunismo —a través de una Conferencia celebrada en Bogotá, que creó la Organización de Estados Americanos (OEA)— puso en marcha una secuencia de atentados y masacres de conservadores, liberales, socialdemócratas y comunistas. El asesinato de un candidato presidencial disparó el Bogotazo de 1948, una explosión saldada con medio millar de muertos, seguida por una década conocida como La Violencia, y fue el año siguiente, 1949, cuando llegaron al país Di Stéfano y otras glorias argentinas al Millonarios F. C. de la capital, donde en apenas unos meses compusieron el llamado Ballet Azul, capaz por ejemplo de exhibirse ante el Real Madrid de 1952, y endosarle un 4-2 en el nuevo Chamartín. «Cuando él cogía la pelota solo podías rezar para que se la pasara a otro», comentó al día siguiente Miguel Muñoz, viendo cómo les dejaba sentados a él y a varios más en cada arrancada.

Por lo demás, Perón no se habría atrevido a quedar en ridículo con el éxito de la huelga y la fuga de sus leyendas sin el apoyo de la FIFA, un organismo germinal a finales de los años 40, que expulsó de su seno a Colombia acusándola de «organizar una liga pirata», sin duda por presiones de la delegación argentina, aunque también de la norteamericana, pues la CIA preveía —sin equivocarse del todo— que el fútbol iba a ser allí el vehículo idóneo para lavar dinero, organizando de paso un negocio de apuestas apoyado sobre la intimidación y el soborno. Millonarios acabó siendo propiedad del Cartel de Medellín, y el de Cali asumió la del América; otros traficantes notorios invirtieron en varios equipos más, y al parecer el Unión Magdalena fue el más antiguo de los clubs comprado por un capo, si bien no de coca, sino de marihuana. En efecto, los años 70 coincidieron con la llamada Bonanza Marimbera, un periodo donde la ruina derivada del guerracivilismo se alivió con exportaciones masivas de cannabis.

En cualquier caso, sin la tormentosa relación de Latinoamérica con Norteamérica, la coincidencia de grandes jugadores y grandes aficiones, dispuestas a llenar sus campos, quizá no habría bastado para parir gigantes del fútbol mundial como el Madrid, el Barcelona, el Milan, el Manchester United, el Bayern y el Liverpool. Dicha senda hacia la gloria trataría de ensancharse más adelante con petrodólares árabes, y con el fruto de privatizar monopolios otrora soviéticos, aunque Manchester City y PSG lleven décadas demostrando que el talonario no suple enteramente a la solera. Sea como fuere, la justicia poética hizo que todo empezara girando en torno a

Di Stéfano, porque ninguno de sus compañeros osó tomar las de Villadiego hasta hacerlo él, ni deslumbró con su juego en medida bastante como para despertar el interés de clubs europeos, que poco después de llegar él jugarían la primera la Copa continental.

Las exhibiciones periódicas de la Saeta Rubia —como le llamaban entonces— forzaron negociaciones culminadas en 1951 por un acuerdo entre la Federación colombiana y la FIFA, conocido como Pacto de Lima, ya que allí se acordó el retorno del país al organismo. A cambio, los futbolistas contratados podrían quedarse —como Pedernera, según don Alfredo el mejor futbolista de cuantos vio—, y también volver a competiciones de sus países o de otros lo más tarde en 1954 reconociendo el derecho de los clubs colombianos a resarcirse por desembolsos añadidos. Gracias, según dicen, a pagar en mano veintisiete mil dólares al Millonarios, el Real logró hacerse con sus servicios en 1953, tras dura pugna con el Barcelona, cerrando con ello el capítulo del balompié antiguo.

También se dice —sin confirmarlo Di Stéfano— que la reclamación presentada por el Barcelona ante la FIFA por jugar finalmente de blanco quedó amortiguada ante la imprevista recuperación de su gran estrella, el húngaro Kubala, que parecía sufrir tuberculosis pero se recuperó, un factor añadido a algunos partidos mediocres del argentino. Esto pudiera interpretarse como signo de una precoz simpatía entre don Alfredo y Bernabéu, pues una vez asegurado su destino como jugador madridista no volvió a jugar sino soberbiamente. Jesús Bengoechea especifica también otros pormenores de aquella negociación[8], donde parece probable que la astucia se sobrepusiera a la letra de algunos contratos, y no sería la última vez que el gran equipo catalán se adelantara en fichajes luego acometidos por la casa blanca, como Schuster, Figo y el Ronaldo brasileño.

Don Santiago, que había logrado inaugurar el nuevo Chamartín en 1947, aprovechó el escaparate deparado por Di Stéfano para emprender una drástica ampliación en 1953, que pasó a superar ampliamente las cien mil localidades a cambio de sufrir lo distante del tercer anfiteatro o «gallinero»; pero desde entonces su proyecto empezó a superar las perspectivas más optimistas, y así como don Alfredo revolucionaba los campos con su diligencia, armando al equipo desde la zaga a la punta de remate, el club podía permitirse contratar a promesas locales para nada baratas, como Gento, y a un Rial que fue el mejor de los segundos en todo, a quien la Saeta Rubia había pedido insistentemente como garantía de alguien que «me la devuelva al subir».

Entonces mismo empezó a barajarse la posibilidad de una copa dirimida entre campeones de cada país, y tras no lograr una Liga en dos décadas, desde 1954 el Real fue capaz de hacerse con ocho en once años, así como cinco Copas europeas seguidas. Tal cosa no ha vuelto a suceder ni de lejos, porque Di Stéfano no era solo tan bueno como el mejor en casi cualquier faceta del juego, sino una especie de bono en forma de hombre extra, que rondaba por todas partes gastando un carácter de aúpa, dedicado desde el primer silbato a alentar, dirigir y reñir. A otro podrían haberle mandado de paseo, pero no era sencillo con alguien que solía ser el MVP de cada partido y lo terminaba a menudo refunfuñando, con un gesto de cabreo para empezar consigo mismo.

Su combinación de ubicuidad y gol sigue siendo sencillamente inaccesible hasta hoy, pues sus registros como organizador y finalizador no han sido igualados por los *cracks* absolutos de una cosa y otra, y nadie con quinientos goles en la alta competición ha sobresalido ni un quinto en el resto de las facetas. Sus memorias —dictadas al retirarse definitivamente— empiezan precisando que su pasión por controlar la pelota fue quizá el impulso dominante de una infancia donde «siempre iba corriendo a todos sitios», y cuando no había un balón «agarrábamos una latita de conserva, la abollábamos, la dejábamos medio redonda y jugábamos». Cuando desembarcó en el Madrid, con veintisiete años, lo de Saeta Rubia le venía algo raro, pues su rápida alopecia convivía con alguien capaz de esprintar aunque de complexión demasiado atlética ya para un esprínter, con un centro de gravedad ni alto ni bajo. Buena parte de los futbolistas más excelsos lo han tenido bajo, sostenido sobre piernas arqueadas al modo *cowboy*, y él perteneció al tipo de torso largo y esbelto, como Beckenbauer y Kaká, que de alguna manera invita a mantener la cabeza alta.

Sin embargo, una vez más el fútbol reflejaba un estado de cosas muy superior por amplitud y necesidad a su propia práctica, que en este caso era España a principios de los años 50, cuando la dictadura estuvo dispuesta a convertirse en dictablanda con tal de romper su aislamiento político y económico, ante las señales inequívocas de un Viejo Mundo por fin dispuesto a apartar rencillas nacionales, aunque limitado entonces a la comunidad del carbón y el acero llamada Europa de los Seis. El Madrid no había sido bien visto por el régimen desde 1939; Bernabéu estuvo a punto de catar el exilio cuando prohibió la entrada a Chamartín de Millán Astray —por tocamientos desvergonzados a una dama, quizá borracho—, y desafió aquel país de whisky con agua bendita y falangistas de segunda hornada contratando al ariete vigués Pahíño, dos veces Pichichi, a quien *Arriba* tildaba de rojo «por leer al comunista Dostoievski» —curiosamente el más antirrevolucionario de los novelistas rusos—, que se perdió el Campeonato del Mundo de 1950 en función de tan desinformados rumores.

He ahí, con todo, que su dorsal 9 fue el heredado por Di Stéfano, buen amigo y admirador del gallego hasta el final de sus vidas, y el «nido de rojos» dejó de parecerlo cuando el Real empezó a cosechar triunfos resonantes, puntualmente paralelos al progreso en las relaciones con Estados Unidos, iniciado en 1953. Tres años más tarde los blancos batían al Stade de Reims, el campeón francés, y su quinta Copa continental (1960) coincidiría prácticamente con la visita de Eisenhower un año antes, primer presidente norteamericano en hacerlo, recibido apoteósicamente por la ciudad. Puedo confirmarlo de primera mano porque allí estaba aplaudiendo a rabiar, mientras mi padre musitaba para sí: «La pandereta, la ñoñez y la barbarie retroceden, ya era hora…».

Creo que se le escapó alguna lágrima furtiva a mi madre cuando la comitiva rodeaba la plaza de Colón a coche descubierto, mientras el general americano recordaba de alguna manera a don Quijote con su elegante gabán oscuro, quitándose de cuando en cuando el sombrero para saludar, flanqueado por un Franco de uniforme pardo con reminiscencias de Sancho Panza, siempre un palmo por debajo de su huésped y visiblemente feliz por ser reconocido tras el largo ostracismo. Por entonces ninguna institución española se había lucido por el mundo tanto como el Real, ninguna podía servir como puente parejo hacia toda suerte de novedades, y el siguiente primer mandatario norteamericano en visitar el país, Nixon, tenía ya como secretario de Estado a un Kissinger abiertamente madridista, que no perdonaría una visita al Bernabéu en cada viaje posterior.

Ahora sí empezó a caerle bien el Madrid al régimen[9], no en función de facciones políticas, sino como caen bien las empresas que funcionan, y en general los motivos de orgullo, porque al ya imponente equipo de las dos Copas europeas iniciales Bernabéu sumó tres jugadores de excepción: un defensa infranqueable como Santamaría, provisto de imán en los pies y en la cabeza; un delantero capaz de organizar y regatear en corto como Kopa, que animaba la banda derecha apenas algo menos que Gento la izquierda, y el más prolífico artillero de todos los tiempos, un Puskas que llegó con quince kilos de más, refugiado como Czibor y Kocsis del legendario Honved húngaro, tras el alzamiento y el subsiguiente baño de sangre en 1956. Pancho Puskas nunca recobró el peso debido, ni la velocidad de otrora; pero su inteligencia futbolística, su arrancada y su zurda le permitieron copar holgadamente el podio de goleadores hasta los cuarenta años.

Quizá no se haya vuelto a ver lanzamientos con la tensión de los suyos, a menudo en trayectoria ascendente, que solía rozar alguno de los tres palos antes de colarse —pues así de colocados solían ser—, y quien quiera verlo con sus propios ojos puede recrearse con los no pocos resúmenes disponibles, e incluso repasando entero el 7-3 infligido al Eintracht de Frankfurt con ocasión de la quinta Copa europea, donde uno de sus cuatro goles, diría que el sexto, ilustra a la perfección lo antes dicho.

En caso de que el disparo no fuese de abajo arriba, buscando el larguero, Puskas la clavaba a media altura o rasa junto a alguno de los postes, prefiriendo la colocación a la potencia, aunque a menudo combinando ambas cosas, como en la primera final de la Champions perdida, que llegará ante el formidable Benfica de Eusebio, donde marca tres goles dignos también de repaso. En el primero arranca como una bala desde la divisoria del campo, y acaba colocándola pegada al palo derecho; en el segundo la pelota entra tras tocar en el mismo palo, pero es un obús lanzado desde más de treinta metros, y en el tercero entra con pareja violencia junto al palo opuesto.

El *Times* de Londres comentó entonces que «el Real se pasea por Europa como otrora los vikingos, arrasándolo todo», poco antes de endosarle un 5-1 al Peñarol, campeón sudamericano, haciéndose con la primera Copa intercontinental. A tal punto se tornó insultante su superioridad que al año siguiente va a quedar apeado de la Champions en la primera eliminatoria, donde el excelente Barça de Helenio Herrera contará con la ayuda inestimable de dos árbitros británicos —Mr. Ellis y

Mr. Leafe—, el primero capaz de pitar un penalti inexistente precedido por un fuera juego señalado por el linier, y el segundo de anular hasta tres goles del Real en el campo azulgrana. Por una vez, incluso parte de la prensa catalana admitió el parcialismo de ambos colegiados, e Internet permite no solo repasar las crónicas del momento sino ver lo esencial de aquellos lances, aunque sea con las imágenes turbias deparadas por los objetivos de entonces. Luego el Barça sucumbiría en la final ante el Benfica, como un año después el propio Real, porque Eusebio —la Pantera Negra le llamaban— era demasiado contrincante para cualquiera en sus primeros años, y don Alfredo le consideraría el mejor delantero de todos los tiempos.

La globalización primitiva del espectáculo

Así se cumplió la primera parte de algo sin precedente en la historia del fútbol, por no decir en la del deporte elevado a pasión colectiva, cuando el club nacido a la sombra de El Capricho y los hermanos Padrós floreció superando la supervisión del tiempo, el más severo de los jueces y el más inmortal de los testigos, sin renunciar a la idea originaria de «llevar a la excelencia el juego del regate». En una entrevista reciente, Ronaldo Nazário observaba que Madrid y el Real se pertenecen de alguna manera tan innegable como misteriosa, pues siendo una capital entre tantas otras —muy superiores en volumen e historia—, y siendo un club tan sujeto como los demás a las fluctuaciones del azar y el mérito, no hay sedes tan recíprocamente acogedoras como una para el otro, y será difícil si no imposible que un jugador piense en destino más honorable para su oficio, a corto o largo plazo. De ahí tener siempre enemigos tan irreductibles como sus cumplimientos.

Por lo demás, a medida que los años 50 dieron paso a los 60 se consolidó también la brecha entre el Viejo Mundo y Latinoamérica, que tras perder a la Saeta Rubia se convirtió en vivero de ases nuevos, no menos eximios y llamados también a emigrar, porque un continente realmente destrozado por dos guerras mundiales no tardó en consolidar su andadura hacia el desahogo con el prólogo del Plan Marshall, apartando las rencillas nacionales hasta acabar creando con la Unión Europea el espacio político más vasto, pacífico, democrático, próspero y duradero de la historia universal.

Desde el Río Grande a la Patagonia, en cambio, el nacionalismo, el revanchismo indigenista y la representación de Norteamérica como vampiro insaciable prolongaron los atavismos del enchufe y el soborno a cada paso, reeditando la saga del peronismo con ensayos dinásticos como los Castro en Cuba, los Ortega en Nicaragua y sus émulos bolivarianos de Venezuela, Bolivia, Ecuador y Argentina, fijando algunas zonas del subcontinente como focos de un subdesarrollo cívico análogo al africano y las zonas asiáticas más deprimidas.

Si el gusto de la formidable China actual no decidiese cambiar las cosas, el gran fútbol seguirá haciéndose en una Europa libre al fin de sus recelos ancestrales, sin perjuicio de que Argentina y Brasil continúen aportando el mayor número de talentos espontáneos, y sin olvidar al minúsculo Uruguay, un país capaz de ganar dos Campeonatos del Mundo, que llega a cuartos y semifinales con alguna frecuencia, y aporta hace más de un siglo una proporción de figuras estadísticamente inaudita, como si la naturaleza se hubiese complacido en remansar allí la genialidad para el regate y el corte, por no añadir un tesón único cuando toca repartir leña. También África terminaría incorporándose a la fábrica de *cracks* y profesionales sobresalientes, sobre todo la subsahariana, aunque Zidane y una estirpe de ilustres colegas hayan demostrado la fertilidad de su estrecha franja mediterránea como vivero.

Presagios del siglo XXI

Pero no hace falta alejarse de España y del Real para seguir contextualizando las metamorfosis de nuestro deporte, que con la televisión ampliará espectacularmente su audiencia sin necesidad de ir ampliando el aforo de los campos, y ya hacia 1960 añadió a jugadores y presidentes una personalidad tan enérgica como la del entrenador creativo, otrora una prolongación de los preparadores físicos. A partir de Rinus Michels y su idea del fútbol total, el peso de las plantillas dejó de gravitar tan decisivamente sobre individualidades como Di Stéfano, Pelé o Eusebio, pues una reconsideración del juego —dado el nivel atlético conseguido por los buenos equipos— demolió principios tenidos por evidentes, entre ellos, la propia posibilidad de alinear cinco delanteros, librando de la elaboración a dos medios.

Salvo por casualidad, once hombres excepcionalmente fuertes no ganarán a otros once con pareja forma física sin poner en marcha lo más opuesto a cualquier rutina —para empezar la del tú aquí y él allí desde el pitido inicial—, y fue quizá Osterreicher —primer secretario técnico foráneo del Real— quien supo entender por qué un equipo en principio tan humilde como el Honved deslumbró al mundo desde la Olimpiada de Helsinki. Por supuesto, allí militaban monstruos como el joven Puskas, que llevaba ochenta y seis goles en ochenta y ocho partidos con su selección, y varios colegas apenas menos fabulosos; pero algunos tuvimos el privilegio de verles en Chamartín, cuando el llamado Partido de la Prensa les enfrentó a un excelente combinado del Madrid y el Atlético, una tarde invernal de 1956.

La fiesta terminó en un 5-5, mareando al hombre que movía el pesado marcador del gallinero, porque los goles fluían tan generosamente como el juego. Peiró y Miguel, las flechas del Atlético por el ala izquierda, completaron el nada infrecuente *hat trick* de don Alfredo, asistido de modo magistral por Kopa en algunos lances. Por su parte, los húngaros exhibieron un Puskas digamos normal, y dos animadores sobrenaturales: Hidegkuti —sosias capilar y futbolístico de Di Stéfano como real y falso 9— y Bozsik. Me detengo en este último porque ninguno de los veintidós causó impresión pareja a los espectadores, aunque no poder rescatar a su familia del infierno húngaro —como logró Puskas— le movió a volver y perderse en el olvido. Solo debo añadir que nunca he visto un interior tan inseparablemente ofensivo y defensivo, de zancada imparable, que a medio partido nos regaló una carrera desde su área pequeña a la otra, salvando contrarios como si fuesen conos, hasta levantar casi unánimemente al público con la proeza.

Solo una década más tarde repararon los más avisados en que Bozsik recibía el balón de la mano del portero, como los laterales del Honved y el resto de sus jugadores, reñidos todos con cualquier variante del patadón, cuyo manejo de la pelota podía atribuirse a la calidad de tal o cual pero venía en realidad de que ninguno tenía un lugar fijo, sino más bien el deber de ocupar el recién abandonado por su colega, movido por su parte a subir sistemáticamente a través de triangulaciones. Para el combinado madrileño —compuesto por hombres descansados y tranquilos, en contraste con el agotamiento físico y moral de los magiares— la consecuencia de que el Honved progresara por paredes, sin omitir compases de espera con toques ocasionales hacia atrás y los lados, fue llegar tarde por sistema a los cruces, corriendo en busca de una pelota siempre esquiva, y si no recuerdo mal perder a mediados del segundo tiempo una ventaja de hasta dos goles, y acercarse a la derrota de no mediar un par de tiros a los postes y alguna ocasión clamorosa fallada. Los espectadores nos compadecíamos de quienes solo sabían que los tanques rusos arrasaban Budapest, y que su embajada les exigía volver al punto, cuando la gira por Europa acababa de subrayar el abismo entre la vida a un lado y otro del Telón, y aunque nos maravillase la fluidez de sus evoluciones nadie pudo adivinar que allí estaba el fútbol lanzado una década después por el Ajax y la selección holandesa, recordada como La Naranja Mecánica.

Para el Real, que todavía no estaba en la cumbre de su gloria, el fruto de aquella exhibición fue desoxidar un año después a Puskas y escalar con su ayuda los últimos metros del Everest balompédico, una apoteosis seguida lógicamente de melancolía. Don Alfredo fue el primero en dar signos de cansancio, algo que combinado con su tremendo carácter le llevó a reñir con Muñoz, el entrenador, e incluso con Bernabéu, mientras el cañonero Pancho agotaba algo más despacio su munición. Kopa había vuelto años antes a Francia, Rial murió pronto, y salvo el rocoso Santamaría —que a sus noventa y dos años puedo confirmar que seguía como una rosa— de las superestrellas solo Gento conservaba parte de su velocidad, complementada por la experiencia y un disparo cada vez más terrorífico. El propio presidente fue perdiendo gas, no sin descubrir en el sefardita Saporta[10] un colaborador a su altura, rebosante de genio organizador y financiero, que creó la sección de Baloncesto y que ya había sido decisivo para conseguir a Di Stéfano.

Pero todo se mueve por fluctuaciones, y al club blanco le tocaba internarse en una fase donde el talento debía suplirse con esfuerzo, la buena estrella con puntualidad y la audacia con prudencia, prefiriendo no fallar a intentar el uno contra uno, etcétera. Se acercaba la época parca en títulos de los llamados Garcías, y en un último arreón heroico los blancos lograron eliminar al Inter milanés —campeón europeo en 1964 y 1965— y batir en la final al siempre difícil Partizan, deparando a Gento la hazaña inigualada de ganar seis campeonatos europeos. Al audaz Bernabéu seguiría el hipercauto Luis de Carlos, porque la mala salud de Saporta le impidió tomar las riendas, y tratando de suplir con llana honradez la cosecha del ímpetu genial pasaron treinta y dos años, no pocos anodinos, donde la afición se fue pareciendo al resto, cada vez más ligada a adolescentes y fanáticos de patrias chicas, orientada a ganar como fuese, y hasta a vitorear el reparto de leña o la conspiranoia[11].

Los años 60 se habían despedido con la batalla campal del Estudiantes de La Plata-AC Milan, que terminó con cuatro jugadores argentinos condenados a un mes de cárcel inmediata y suspensión perpetua, en función de lesiones como la fractura de mandíbula de cierto milanista, que la «barra brava» del equipo celebró en términos de gesta patriótica, cuando montoneros, guevaristas y otros incoherentes colaboraban con su terrorismo a la abyecta dictadura de Videla y compañía. Por fortuna, nos hemos ido pacificando a marchas forzadas desde entonces, y en el caso de los merengues nunca se pasó —salvo error propio— de zagueros algo intimidantes, pues la terrible escena de Juanito pisoteando la cara de Matthäus en el suelo no produjo el daño previsible, y como recuerda Alfredo Relaño el lance terminó «con la enorme nobleza del teutón aceptando las disculpas», sin duda porque no le clavó los tacos como temimos los espectadores, aunque la carrera futbolística del español terminase allí.

Poco a poco, la política austera impuesta por los reveses desembocó en la Quinta del Buitre, una cantera de alta calidad que con refuerzos como Hugo Sánchez y Schuster bien pudo volver a hacerse con la Copa continental; pero el ímpetu no pasó de remontadas insuficientes para noquear al Bayern de Matthäus, el PSV de Koeman, el Liverpool de Dalglish y el superlativo Milan de Sacchi, quizá el más perfecto ejemplo de equilibrio entre ataque y defensa, capaz de combinar a colosos como Baresi y Van Basten con presión en cada metro del campo. En definitiva, pasarían tres décadas desde la final ganada al Partizan y la ganada en perjuicio de la Juventus, ambas por la mínima, aunque de la Séptima a la Decimotercera el éxito fue recobrando densidad hasta acercarse a la concentración de las cinco primeras, algo tanto más meritorio cuanto que los rivales pasaron a ser dos y luego cuatro por país.

La Octava, lograda a costa del Valencia en 2000, resultó al fin casi tan holgada como la de Glasgow, coronando una recuperación a lo largo de los años 90 que le debe mucho a Hierro y Raúl, dos bastiones técnicos y anímicos. Hubiera sido imposible llegar a aquella final sin eliminar al gran Manchester de Ferguson, una empresa donde brilló con luz propia Redondo, que podría competir con Hierro en fortaleza, sentido posicional y control, si bien el argentino marcó cinco goles en seis temporadas y el malagueño la friolera de cien a lo largo de doce, a despecho de jugar más retrasado. Al César lo que es del César, sin olvidar a un Raúl que con trescientas veintidós dianas solo sería superado por el sideral Cristiano.

El penúltimo salto

Por otra parte, el año 2000 terminó con la llegada a la presidencia de Florentino Pérez, que incorporando algo después a Zidane puso las condiciones para formar un tándem equivalente al de Bernabéu y Di Stéfano, adelantándose tanto en juego como en dinámica empresarial al resto del mundo, eventualmente con José Ángel Sánchez en funciones de Saporta. Su primer fruto fue el zurdazo de volea a una cruceta que decidió la Novena, imagen estándar hasta hoy de lo factible y admirable en fútbol, mediando un balón venido de Roberto Carlos —prólogo también del gol que precipitó la Séptima—, otro portento a quien los aficionados pudieron ver jugando con Figo, Ronaldo, Beckham y el propio ZZ. Aquel Madrid fue un lujo sin igual en los anales de este deporte, cuando el resto de las posiciones las ocupaban Casillas, Hierro, Raúl, el Guti de las grandes veladas, McManaman y otros profesionales notables.

Jesús Bengoechea quizá añada pormenores sobre aquellos explosivos fichajes[12], o se detenga en alguno de los partidos cercanos a la perfección que aquella plantilla estelar regaló a un planeta cada vez más inclinado a interesarse por lo definido en origen como juego de driblar. Sea como fuere, defensas cada vez más técnicos, concentrados en modos de adelantarse a la cintura e imaginación del atacante, fueron poniendo cada vez más difícil la parte más vistosa y resolutiva del juego, y hasta los más dotados por nacimiento tenderían a arrugarse, escaseando también el dispuesto a chutar desde casi cualquier distancia, pues la inercia sugiere pasarla a cualquiera más avanzado, aunque suponga escorarse y minimice el ángulo de tiro, empeorando normalmente la jugada.

Pero nada se aprende con tanta dificultad como vencer al miedo, y no es de extrañar que la prevención del fallo manifiesto se haya convertido en el factor más capaz de tornar sosos y previsibles algunos encuentros, ocultando de paso fallos estructurales de consecuencias bastante peores que lanzar algún balón al segundo anfiteatro. El resto de las circunstancias —desde los medios puestos al alcance de quien retransmite los partidos, hasta el tipo de atleta formidable por fuerza y pericia con el que cuentan los grandes equipos— crea un espectáculo crecientemente seductor en los cinco continentes.

Más aún, la llegada del VAR asegura una refundación tan profunda como inconsciente por el momento, pues introducir una exactitud llevada a lo nanométrico impone una forma que bien puede estar reñida con el contenido, y ser tiránica por arbitraria. Si no me equivoco, aprovechar la tecnología para evitar errores puntuales de apreciación desembocará o bien en conformarnos ante un balompié con nuevas reglas, o bien en nuevas reglas para servirnos del VAR, como empezamos a ver a propósito del penalti, por ejemplo, una falta que desde siempre castiga actos voluntarios.

La última reglamentación, unida dios sabe cómo con lo que aficionados y practicantes esperan de este deporte, ha producido varios supuestos de pena máxima independientes por completo de la malicia, como si tal cosa no fuese optar por el formalismo en detrimento del corazón y la cabeza, cuando por una vez ambos coinciden en entender que el castigo máximo —el más inductor de indefensión en el adversario— debe verse justificado por la máxima afrenta a la justicia, en este caso tal o cual trampa. Ahora resulta que el concurso de puras casualidades puede equivaler a la presencia de juego sucio como zancadillear, meter la mano a posta o fingir falta, y si no me equivoco pronto o tarde comprenderemos que los reglamentos se hicieron para servirnos, no a la inversa, y el contenido moral prevalecerá sobre el papanatismo de la regla abstracta.

Algo análogo cabe decir del fuera de juego, una regla que la Federación inglesa estatuyó en 1863 para evitar jugadores situados a hurtadillas o furtivamente *(sneaking)*, ignorando que cada equipo tiene «su lado», y hasta 1923 fueron precisos tres y hasta cuatro adversarios para deshacer posiciones adelantadas. Bastó reducirlos a dos, y establecer excepciones como la actitud pasiva, para comprobar que se marcaban bastantes más goles, y aparecían posibilidades inéditas como el achique de espacios, que enriquecen táctica y emocionalmente el juego. Luego aparecieron las tarjetas amarillas y rojas —las primeras en el Mundial de México (1970)—, que combinadas con la introducción del VAR establecen hoy por hoy dudosos automatismos, como que penaltis involuntarios supongan también tarjeta de tal o cual color, y andamos desconcertados ante cambios decididos de la noche a la mañana en despachos de la FIFA por comisiones arbitrales.

Me parece razonable darle al VAR dos o tres años de independencia, porque nuestro deporte gana mucho sirviéndose de medios como la cámara súper lenta y la alta definición para introducir más espectáculo, más exactitud, y con ella más veracidad en el reparto de méritos con el que debería acabar cada partido. Sin embargo, antes o después la experiencia acumulada debería ponerse al servicio de lo que fundó este deporte y nos gusta de él, en vez de consentir lo inverso, que sería un modo furtivo de someterse a arbitrariedades burocráticas.

Si se prefiere, los penaltis merecen limitarse al castigo de actos maliciosos; y en cuanto al fuera de juego la regla de decidirse por milímetros podría ser sustituida por algo tanto más humano y ameno como un margen de medio metro. Puesto que todos los campos rondan los 100, establecer en un 1/200 la posición adelantada elevará exponencialmente los goles, las paradas y las oportunidades, que son la salsa del juego ahora y siempre, frustrando solo al ordenancista que prefiere anular jugadas sublimes para hacer valer su mezquina regla. ¿No les duele ver cómo sucede cada vez más, cuando podría suceder cada vez menos, sin necesidad de tocar el resto de las reglas que definen el *fair play?*

Por lo demás, mi compromiso fue correlacionar al Madrid con lo poco de historia general que llegué a saber, precisando hasta qué punto fue una institución vocacionalmente cosmopolita, sin perjuicio de castiza e imbricada en la historia reciente de España. Cuanto más me iba informando más sobresalía por influir y ser influida por el resto del mundo, hasta convertirse en símbolo de lo que soñara ser en sus humildes orígenes. A tales efectos nada es tan ilustrativo como la figura del ingeniero y empresario Florentino Pérez, a quien no conocía cuando escribí esta breve historia del Real, aunque más adelante pudiera desquitarme de ello, y de quien aquí hablo todavía por informaciones recogidas en la Red.

Empieza siendo curioso que su andadura comenzara reflotando en 1983 una compañía llamada Construcciones Padrós, supongo que carente del más mínimo nexo con el Football Club fundado por los hermanos del mismo nombre en 1902; pero pasa de ser curioso a significativo que Pérez viniese de ser concejal —en particular de Saneamiento— con la UCD de Suárez, ese político honrado y valiente sobre cuyos hombros descansó la transición democrática en los años 70. Apostaría a que Florentino abandonó el servicio público cuando la mangancia partitocrática defenestró a Suárez, y es seguro en todo caso que Construcciones Padrós fue creciendo hasta convertirse en ACS, un grupo cuyos empleados se acercan al cuarto de millón, cabeza indiscutible de este sector en España y activo en todos los continentes, entre otros a través del gigante mundial Hochtief, el 66% de cuyas acciones le pertenecen.

Español hecho a sí mismo, solo comparable hoy por independencia, recursos y genio empresarial con Amancio Ortega, Pérez siempre ha alternado su pasión por los negocios con un madridismo tenaz, capaz de sobrellevar la derrota cuando aspiró por primera vez a la presidencia, y victorioso por los pelos cuando al fin la obtuvo. Lanzó entonces el Madrid llamado de los *Galácticos*, aunque nunca le gustase el término, e insista desde siempre en que tener a los mejores es solo cumplir con el espíritu original de esta institución. Correlativamente, racionalizó su estructura operativa como solo saben los superdotados en gestión, saneando una tesorería lindante con la picaresca durante las décadas previas. Obra suya es que pase a ser el club más valioso del mundo según *Forbes*, pionero en una mercadotecnia que incluye patrocinadores, museos, venta de equipación, apertura a Extremo Oriente y otras mil novedades, ligadas finalmente a ser una fuente muy diversificada de riqueza.

La ventaja sustancial del deporte sobre cualquier otra actividad competitiva es que no destierra el magnetismo de la guerra, pero lo ofrece domado por la regla del juego limpio. Con Florentino a los mandos, el Real asumió la causa del *fair play* como campeón entre los campeones mundiales, cumpliendo de paso la oferta de espectáculo hasta extremos impensables para Bernabéu y cualquier presidente atado a la taquilla como fuente única de ingreso. Tras demostrar que los clubs pueden ser empresas sólidamente rentables, dependiendo en buena medida del número de espectadores dispuestos a interesarse por cada uno, magnates de todo el orbe se lanzaron a imitarle y compraron los de mayor arraigo nominal, suscitando un alza en fichas e intermediación a la que Pérez reaccionó invirtiendo en cantera y jóvenes promesas. Así seguimos, y solo el futuro sabe si la masa inercial acumulada por los logros del Madrid volverá a depararle algo parecido a cuatro orejonas en un lustro.

Por ahora hay un equipo digno, con no pocas piezas sobrecargadas —empezando por Benzema y la medular—, donde el rendimiento de Hazard y Jović ha mantenido todo en precario. Tampoco faltan jóvenes brillantes, que tuvieron en Zidane un míster de recursos tan inagotables como los otrora exhibidos jugando, cuya sintonía con Florentino ha sugerido serenidad hasta terminar la última temporada, a mi juicio la más borrascosa en mucho tiempo, pues al albur de la enfermería y las pájaras sentimentales de uno u otro se sumó la venta de Llorente al Atlético, sin la cual en modo alguno habría conseguido la Liga.

Por lo demás, el destino de todo lo inmediato es cambiar, y ser según la FIFA «el club del siglo XX» solo asegura al Real una combinación impar de prestigio y experiencia, añadida a tener también el único presidente que combina el patrimonio de un jeque con medio siglo de ser socio. De su carácter y recursos hablan maniobras como comprometer a un Figo indeciso para ganar sus segundas elecciones a la presidencia, logrando que su representante firmara un contrato tan favorable para los intereses del jugador como ruinoso si osara echarse atrás, o el hecho mismo de amar la entidad Real Madrid en medida comparable a Bernabéu, cuando este fue al fin y al cabo un rústico sin más alternativa que el fútbol, y Pérez seguiría siendo una figura de perfiles planetarios aun no volviendo a interesarse por el club.

De ahí también que se despidiera dando un portazo cuando pasaron cuatro años sin volver a ganar la Copa europea, mientras proliferaban días de desidia culminados por una semifinal copera contra el Zaragoza en 2006. Las estrellas se habían convertido en estrellitas, los entrenadores en piezas de segunda mano, y sin dejar de ser merengue hasta la médula, Pérez comprendió que él sobraba por un buen rato. Como nadie llenaba su vacío, la presidencia blanca pasó por una secuencia de interinidades, terminadas en un clamor que reclamó su retorno.

Hoy, cuando la visita guiada al campo compite en espectadores con el Prado, y la irrupción de petrodólares árabes y rusos ha convertido los fichajes en una ruleta insensata para la mayoría, acomete obras de magnitud faraónica para la inversión quizá menos insegura del momento, que es convertir el viejo Chamartín remozado por Bernabéu en la pieza única dentro de su género, adelantándose aquí como otrora se adelantó en reunir el plantel de súper *cracks*.

Por el momento, su activo es una decena de jugadores excepcionales, bastantes entre ellos próximos al otoño de sus carreras; otra decena de promesas no menos excepcionales aunque inmaduras, y hasta hace pocos meses un entrenador semejante al propio Florentino por haberlo demostrado todo, y amar tanto el fútbol como al equipo con el cual triunfó más definitivamente, gracias al que fue posible emular la gesta de las cinco Copas ante una rivalidad multiplicada por cuatro. La independencia de ambos les puso a cubierto de chantajes, y diría que por eso mismo el club estuvo en las mejores manos, aunque nada concreto esquive altibajos.

La ventaja del Real es un factor tan imponderable como el prestigio, que tras un siglo largo de existencia en la división de honor ha copado la cima en dos épocas, contribuyendo a que vestirse de blanco sea hace tiempo lo equivalente a armarse caballero otrora. Ese ayer, a veces abrumador como responsabilidad, intimida también al rival y depara a sus protagonistas un margen singular de audacia, combinada con buena educación a la hora de vencer. La última vez que recuerdo haber visto a Pérez, por ejemplo, fue cuando acababan de jugar con el Villarreal en Valdebebas y celebraba la Liga con jugadores y técnicos. Un entrevistador le abordó diciendo que la prensa catalana denunciaba ayudas arbitrales, y el presidente del Barça acababa de sumarse al reproche. Pérez repuso:

—Hombre, allá cierta prensa. Pero el Barcelona es un club amigo, amigo de antiguo, y me cuesta mucho creer lo que dice.

Poco más tarde la presidencia blaugrana se sumaba a la felicitación, subrayando «lo merecido» de la misma.

El acicate de la rivalidad

Solo me queda aludir a las reacciones que el Madrid evoca, sobre todo desde que Bernabéu lo condujo al primer brote de gloria, y dicho éxito sirvió de puente para comenzar a abrir el país a Europa. Pasó entonces de ser el equipo más sospechoso por rojo y republicano —no en vano Madrid fue la última ciudad en rendirse, aunque buena parte de los madrileños viviera escondida de los chequistas durante casi tres años— a ser la única institución notoria y al tiempo presentable, por cosmopolita e independiente del nacional-catolicismo, poco después de que el bloqueo de Berlín y el puente aéreo montado para abastecerla crearan la expresión *mundo libre* para distinguirlo del soviético y del subdesarrollado.

En nuestra tardía reincorporación a Europa, el palco de la casa blanca empezó a parecerse vagamente al lugar de los grandes acuerdos y negocios que hoy es, y antes de ser guiado por Bernabéu las principales reticencias suscitadas por el Real le venían de ser un símbolo del centralismo detestado por los focos separatistas tradicionales, no del beneplácito gubernamental. El País Vasco rumiaba desde finales del siglo xix los disparates de Sabino Arana como punto de apoyo para el rencoroso, y cabe suponer que la rivalidad con el Athletic de Bilbao precedió largamente a la Guerra Civil, como en el caso del Barça, aunque su larga y ya mencionada fusión con el Atlético de Madrid matice el asunto. Hubo también batallas campales en enfrentamientos con los azulgranas, a propósito de un escandaloso 11 a 1 en la Ciudad Condal; pero espero que Jesús Bengoechea tenga a bien detenerse a contarnos con más detalle alguno de ellos[13].

El compromiso merengue de destacar por pericia y juego limpio bien pudo provocar todo menos indiferencia desde los principios, para empezar porque se presta a ser tildado de mera pretensión, y ya antes de 1936 fueron al parecer el equipo más detestado por sus rivales, así como el segundo más querido. Sin embargo, la enemistad que más adelante caracterizaría a amplios sectores de la opinión pública, y sobre todo de la prensa española, no puede a mi juicio separarse de dos raíces tan sempiternas como el resentimiento genérico hacia los triunfadores, y el rechazo más concreto del rico por el pobre, que en nuestros días adopta a menudo la forma de oponer éticamente el empleado al empleador, a despecho de las siderales diferencias que ha experimentado su relación en el último par de siglos.

El empresario se arruinará si no trabaja más que nadie en su negocio, e incluso así solo una pequeña proporción saca adelante su primer empeño, por si fuera poco que la gran mayoría nunca llegue a superar un éxito discreto, cuando tras el enésimo intento llega su oportunidad de establecerse. El empleado tiene como único riesgo el paro, del que le protegen prestaciones por desempleo y una amplia red de seguros sociales, que junto con la libertad/responsabilidad consagrada por el Estado de derecho son el máximo motivo de orgullo para nuestra cultura. Por otra parte, toda esta problemática anda sumida aún en brumas, debido a una propaganda tan tenaz como antigua.

Quienes tienen menos de sesenta o setenta años rara vez recuerdan que la gran apuesta del siglo pasado fue saber si sociedades de economía planificada —donde vales de economato suplen el dinero, y precios gubernamentales sustituyen a los formados por concurso de oferta y demanda— depararían una vida preferible a la ofrecida por sociedades donde ni la propiedad privada ni el comercio se abolieron. En esos precisos términos planteó su desafío la URSS recién desestalinizada por Kruschev, cuya política de distensión se propuso producir más y mejor, asegurando al ciudadano una existencia sin estrés al ser gratuita la provisión de servicios. Y así transcurrieron cuatro décadas, concluidas por el fin del Muro y la autodisolución de la URSS, que ilegalizó en lo sucesivo el régimen de partido único.

Los éxitos del Real desde los años 50 le convirtieron en símbolo del capitalismo, y del empresario equiparado con la sanguijuela por los no pocos adheridos a la concepción marxista del mundo, que si bien iba perdiendo su apuesta en la esfera material mantenía, e incluso incrementaba, su prestigio en la universidad y los medios de comunicación, donde cayó como una bomba lo oculto por el concurso de propagandistas, telones de acero y censores desde 1917. Pero Marx solo se equivocó totalmente al imaginar que el comunismo llegaba atraído por quienes reclaman derecho al trabajo, no por la franja social dispuesta a reclamar su derecho a la pereza. Cuando la muerte de Franco precipitó la transición democrática, ni la colaboración de todos los dioses le quitaría al Real un sambenito de franquista, tanto más indeleble cuanto independiente de los afectos o desafectos al propio Franco, y a ser o no laboralmente ambiciosos.

Cuando en las elecciones de 1977 ganó el centro democrático de Suárez, y Florentino asumió la concejalía de Saneamiento —trece años antes de acceder a su primera presidencia—, el marxismo era ya abiertamente una causa ajena al mundo obrero, reducida a estudiantes, intelectuales y separatistas, e inspiró el movimiento culé presidido por Vázquez Montalbán, que percibe la presencia del Real en el césped de Barcelona «como desfile del Tercio». Podría parecer extraño que los merengues aparezcan como legionarios y moros invasores; pero la metáfora se explica teniendo en cuenta que se propone vengar —siquiera sea retrospectivamente— la ignominia del pasado, cuando en 1939 Barcelona recibió a los vencedores con los brazos abiertos como nunca, sin disparar un solo tiro.

Por lo demás, Vázquez Montalbán fue un escritor delicioso por momentos, que enriqueció la crónica deportiva sugiriendo, por ejemplo, que «el Barça sea asumido como religión sin cielo ni infierno, o con cielos e infiernos relativos: el cielo es ganar al Real Madrid y el infierno perder contra el Barbastro». Puede empezar una frase atribuyendo al Barça el destino de vengar a «algunos viajantes de comercio catalanes en 1936, cuando ser catalán era una categoría casi tan nefasta como ser comunista», y terminarla reconociendo su inexistencia por vía elíptica, con un «o así lo interpretaban los incontrolados de siempre, esos que en el otro bando mataban curas a base de inyectarles aire por el ano».

Al Real le tocará al menos dos veces por año luchar contra «el ejército simbólico desarmado de la catalanidad», y no hay duda de que ese factor elevó los clásicos a choques planetarios, animando al Barça hasta convertirlo en el segundo club más laureado, a menudo con plantillas comparables o superiores a las de su némesis, para empezar porque ficha mejor, y no pocos ases del Real pasaron antes por el Camp Nou. Como explicaría el propio Vázquez Montalbán, «la parte irracional en nuestra comprensión del mundo unos la legitiman con religión, otros a través del amor y hay quien necesita la política para entrar en éxtasis sobrenatural. Yo todo eso lo experimento a través del Barça».

Bromas aparte, un contrincante como el Barcelona es lo que el Real necesitaba para no dormirse en los laureles, y también para suspirar aliviado constatando que no le toca vengar patrias, porque Madrid está lejos de sentirse nación ninguneada, y el alma del club es tan castiza como cosmopolita. En vez de vencer a un equipo o varios, su compromiso de ganar a todos le compromete con perder ocasionalmente y reproducir entonces la leyenda de Sísifo, llamado a subir hasta la cumbre una enorme piedra que nunca deja de rodar hasta el fondo tan pronto como llega a lo más alto. Pero Sísifo bien pudo ser feliz cumpliendo su hazaña, como observó Camus, y el Real manifiestamente lo es acumulando trofeos y admiración, sin perjuicio de que las derrotas le humillen un grado más de lo normal.

Por lo que respecta a su alter ego madrileño, empezamos encontrando una inversión de lo ocurrido durante la guerra y posguerra civil paralela al caso catalán, aunque aquí la imagen de país invadido sea sustituida por la de un equipo que representaría a los humildes y acosados, cuando el Atlético Aviación Nacional fue todo lo contrario, y pudo gracias al trato político preferente formar la plantilla quizá más brillante y dominadora de toda su historia. Varios descensos, y perder algunas finales señaladas, acabaron abonando cierto victimismo resignado y afín a esperanzas de tipo mesiánico, que terminó encontrando en Simeone una combinación de técnico y director espiritual, bien adaptada a los ideales de su afición.

En cualquier caso, desde Gil y su último descenso a los infiernos de Segunda, el mérito del Atlético es todo menos discutible. Le permite codearse hace una década con la pequeña elite de superclubs, y para el Real la mera presencia de un adversario tan poderoso en su propia casa es un acicate casi o tan óptimo como contar con el Barça en la periferia. Más de un malicioso dirá que ambos prefieren perder uno con el otro a que el Real se alce con tal o cual trofeo; pero no hay prueba sostenida de ello, y es en todo caso un estímulo adicional para el afán madridista de excelencia.

Las metamorfosis del afecto

Lenguas como el inglés y el francés dan por hecho que el envidioso es un celoso *(jealous, jaloux),* y sobra añadir que solo nos dan celos los seres amados, aunque nuestra condición de animales racionales lleve consigo un punto de animales demenciales, y nos haga también retorcidos y acomplejados, como empezó mostrando en detalle Freud. El yo de cada uno no solo carga con la animalidad como fuente de inconsciencias, sino con el Pepito Grillo de la conciencia moral establecida, y contentar a ambos puede resultar arduo para algunos. Si trasladamos estas generalidades a los sentimientos evocados hoy por el Real Madrid, comprobaremos que el beneplácito supera por goleada al disgusto, y que quienes detestan sin más, o detestan admirando en secreto, como el envidioso, tienen básicamente tres orígenes, todos ellos peninsulares.

Al culé, por ejemplo, le toca rechazar una institución que simboliza el centralismo tiránico, y al colchonero o atlético el símbolo del opulento contrapuesto al modesto, cuando no la pretendida superioridad moral del empleado sobre el empleador. Como el separatismo no es en España una exclusiva catalana, y como el sentimiento colchonero tampoco es una franquicia del Atlético —más bien todos los hermanos pequeños, o los familiares de segundo grado, miran al triunfador con las reticencias de nuestra naturaleza racional/demencial—, me atrevería a decir que todos estos enemigos del Real lo son solo hasta cierto punto, sin inquina distinta del ingenuo afán de victoria presente en las hinchadas, ese combinado de adolescentes y temperamentos singularmente afines a la simpleza.

En definitiva, diría que tales adversarios animan y honran —contando con su propia calidad excepcional, tan concentrada en superar a los blancos—, sin dejar de ser secretos admiradores de su saga, y que gracias al concurso de lo uno y lo otro España lleva casi dos tercios de siglo siendo escenario del mejor fútbol mundial, un regalo para quienes disfrutan esta variante del deporte colectivo. La disposición lúdica —aquello que distingue al *ludo* o jugar de cualquier otra actividad— lleva consigo un respeto escrupuloso de ciertas reglas, y lejos de agotarse en el *mens sana in corpore sano* enseña a cultivar una consideración cargada de exigencia, hacia nosotros mismos y hacia los demás, exhibiendo el modo más civilizado y elegante de convivir.

Aunque jugar sea inmemorial y compartido con los animales, la naturaleza no depara más alternativa para el aprendizaje competitivo que los escenarios bélicos, y al superar su lado luctuoso sin prescindir de su intensidad en el esfuerzo, el *homo ludens* —una figura traída a colación por el historiador holandés Huizinga, un sabio asesinado por los nazis— revela ser progreso intrínseco, que dignifica la vida en general y el deporte mientras se mantenga fiel al juego limpio, y juegue en serio sin dejar de jugar, relegando al desván la seriedad incapaz de relativizarse, que es el espíritu de la pesantez, la inflexibilidad y la autoimportancia.

Echando un vistazo hacia atrás, es obvio que el club reclutado entre alumnos de la Institución Libre de Enseñanza por los hermanos Padrós se granjeó un espaldarazo sin igual por ahora. No menos manifiesto es que ser el modelo en su especie a lo largo del siglo XX la enfrenta a seguir siéndolo en el actual, cuando aprendió ya de Florentino cómo convertir un club en negocio rentable, y de Zidane cómo ganar y ganar. Ahora mismo lo urgente para el Real es volver a adelantarse con un estadio tan inaudito como el equipo de las cuatro orejonas, y aprovecho para sugerir el cese de una suspensión cada minuto más arbitraria de los ingresos por taquilla en función de una cepa gripal cuyo índice de mortalidad sigue sin superar el 0,5% de los infectados.

Unas veces temiendo ceder sufragios a rivales, otras encantada de amordazar indefinidamente al elector, la clase política de muchos países excita un miedo lo bastante irracional como para aceptar la reedición de recetas totalitarias, fulminando el más nuclear de los derechos civiles —el de reunirnos—, como si prevenir contagios compensara arruinar más o menos deprisa a las innumerables empresas y empleos derivados de él. Ese absolutismo disfrazado de Estado clínico ya lo viene haciendo con la prohibición de fumar en bares, restaurantes y otros lugares de esparcimiento, sin lograr por ello reducir el número de fumadores; pero ahora lanza el órdago de cerrarlos sin más, cosa no ensayada ni siquiera cuando la cepa llamada asiática o española del virus se reveló letal no para un 0,5 sino para más del 25%.

Tampoco olvidemos que sustituir los «egoístas» negocios por cooperativas, y el dinero por vales de economato, sigue siendo la divisa de un altermundista no disuadido por lo catastrófico del comunismo ensayado en la URSS, Latinoamérica y África, ni esclarecido por la recuperación de China desde 1979, cuando reconocer la legitimidad del lucro particular lo cambió todo. El estado de alarma clama por ser sometido cuanto antes a consulta popular, y tanto más pensando en instituciones como el Real y sus afines, cuyas economías de escala se mueven en decimales y están reñidas por definición con toda suerte de simplezas. La primera de ellas es la perpetuación de un bozal que depara borregos a los gobiernos, y ofrece al pusilánime ocasión de fingir que obra con firmeza, cuando en realidad está al servicio de una vida abstracta, donde la muerte dejó de tener sentido y todo vale si quizá amortigua una patología entre innumerables otras, aunque el remedio se pague con miseria segura, la fuente más sustantiva de enfermedad.

Entre los rasgos distintivos del Real está renacer de sus cenizas a la manera del Fénix, como demostró hace poco por penúltima vez ante un aguerrido Inter. Incluso contra adversarios como la pandemia, que impidió llenar el Bernabéu, no sería en modo alguno el primero sino más bien el último en sucumbir a la bancarrota. De ahí que este somero repaso a sus logros, sus atributos principales y sus enemigos merezca terminar con el «caballero del honor, triunfador en buena lid» del himno, añadiéndole los servicios que una u otra manera pudo prestar al país, tanto en los años 50 —cuando su prestigio contribuyó a romper el aislamiento político y material— como desde principios del siglo XXI, cuando la llegada de Florentino revolucionó la estructura económica del fútbol en general, diversificando sus fuentes de ingresos y convirtiendo al club en una entidad capaz de generar innumerables empleos, e incluso destacar entre las instituciones filantrópicas eficaces, como ocurre con una Fundación activa en las zonas más castigadas por el subdesarrollo[14].

No estar informado a fondo del asunto explica, por último, que no haya entrado en el capítulo más escabroso de sus detractores, donde encontramos una prensa dudosamente imparcial y una Federación inclinada a lo mismo, todo ello descrito con admirable detalle y estilo literario por Alfredo Relaño en su artículo «Teoría del villarato», del 11/6/2011, que Google ofrece a todos con un simple *click* del ratón[15]. Tuve ocasión de cenar dos veces con Relaño, gentilmente invitado por él, y lamento no haber estado entonces al corriente de texto tan excepcional, cuya consecuencia fue hablar de otras cosas, de las cuales la única pertinente a nuestros efectos fue Florentino.

Relaño no disimuló su antipatía hacia él, ni yo lo contrario; pero no albergo la menor duda de que sería chismorreo estéril detenerse en el porqué de ojerizas personales, cuando todos estamos en el más perfecto derecho de elegir qué admiramos o rechazamos. Lo apasionante y objetivo del asunto es aquilatar en qué sentido, y hasta qué punto, el complejo de reacciones ante el Real Madrid de culés, colchoneros y altermundistas haya podido guiar a una Federación española controlada desde 1988 por un presidente a quien el juzgado imputa corrupción entre particulares, estafa, apropiación indebida y administración desleal. Si no me equivoco, la vista del juicio está pendiente todavía.

Sea como fuere, lo ulterior de la saga madridista —y hasta qué punto la Federación haya podido servir intereses ajenos a la justicia— corresponde a cualquiera distinto del anciano que intentó describir a grandes rasgos sus etapas previas. Quizá ninguna institución española ha sido tan nacional y tan transnacional desde los años 50[16].

Los hermanos catalanes Juan y Carlos Padrós, fundadores del F. C. Madrid en 1902.

Obligación emitida por el Real Madrid para la construcción del nuevo Chamartín, hoy Santiago Bernabéu.

Componentes del equipo del Real Madrid en los primeros años 20 del pasado siglo. El segundo por la derecha, de pie, es un fogoso delantero centro llamado Santiago Bernabéu.

De izquierda a derecha, Ciriaco, Zamora y Quincoces, la legendaria muralla del Madrid prebélico.

Jugadores del F. C. Barcelona y el Athletic Club realizan el saludo fascista. Año 1940.

El 27 de febrero de 1974 la directiva del F. C. Barcelona, presidida por Agustín Montal, visita El Pardo para condecorar a Franco.

Cartel del partido inaugural del estadio de Chamartín ante Os Belenenses, el 14 de diciembre de 1947.

Pablo Hernández Coronado, de infravalorada importancia en la historia blanca, en particular durante la guerra y posguerra.

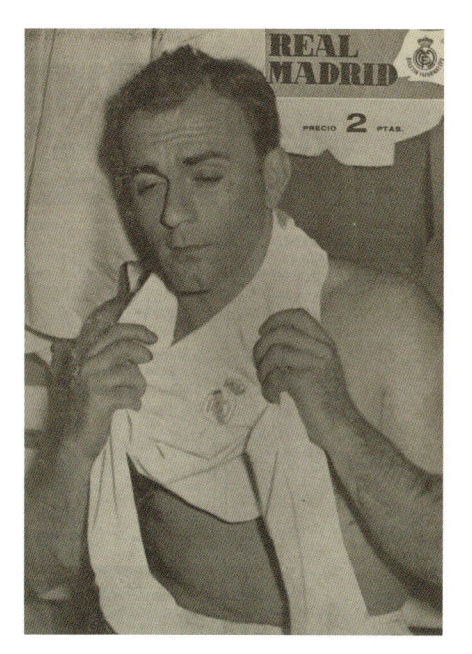

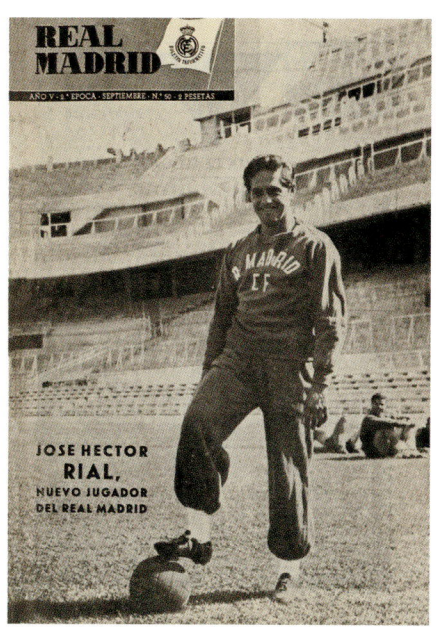

Portadas del Boletín del Real Madrid con ocasión de la llegada al club de Di Stéfano (izquierda) y Rial (derecha).

Doble página del diario *ABC* al día siguiente de la consecución de la Segunda Copa de Europa del Real Madrid. 30 de mayo de 1957.

La formación más clásica de la delantera del Madrid dorado de los años 50. De izquierda a derecha: Kopa, Rial, Di Stéfano, Puskas y Gento.

Recorte de prensa del partido en beneficio de la Asociación de la Prensa entre un combinado de Madrid-Atlético y el Honved de Puskas.

Un Santiago Bernabéu triunfante posa con todos los trofeos logrados por el club hasta la fecha. Año 1964. Fotografía de Manuel Sanz.

Iván Zamorano celebra alborozado su tercer gol en el 5-0 que los blancos endosaron al F. C. Barcelona en 1995.

Figo juega su primer partido ante el Barcelona tras su sonoro fichaje por el Real Madrid. El encuentro de convirtió en un escarnio público alentado por la directiva y los medios culés. *La noche del cochinillo.*

Zidane ejecuta con su zurda la volea del siglo, en el año del centenario del Real Madrid, otorgando así la novena Copa de Europa al club blanco. Glasgow, 15 de mayo de 2002.

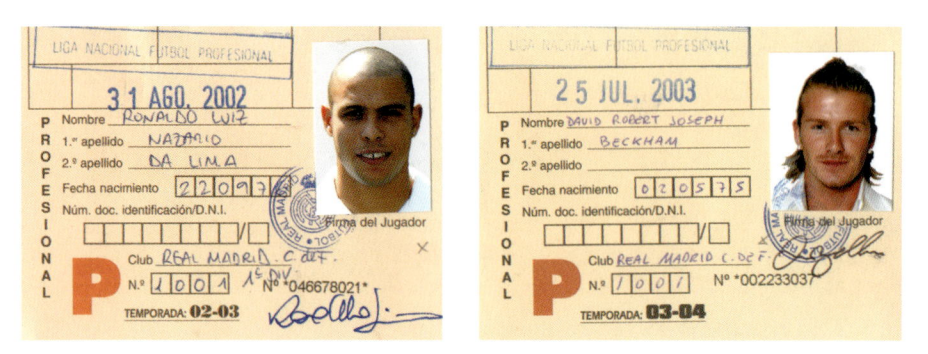

Carnets de jugadores del club de Ronaldo Nazário y David Beckham.

Los *Galácticos* al completo. De izquierda a derecha: Beckham, Figo, Ronaldo, Zidane y Raúl.

El detalle de la gloria

por
Jesús Bengoechea

1. La polémica de la Segunda

Respecto a la jugada del penalti, tal vez proceda agregar a estos recuerdos de Antonio sobre la segunda Copa de Europa del Real Madrid, que vio en directo en el Bernabéu, los invocados por Andrés Amorós (catedrático de Literatura Española y autor de más de ciento cincuenta libros), asimismo muy joven por entonces y presente también aquel día en el estadio, como Antonio.

Admite que la jugada bien pudo producirse fuera del área, lo que justificaría las quejas italianas: «El equilibrio se rompió en el segundo tiempo, cuando un pase vertical de Kopa superó la barrera defensiva italiana y dejó a Mateos («Fifiriche», le llamábamos, cariñosamente por su juego afiligranado) solo delante del portero Sarti, quien no tuvo más remedio que derribarlo. La falta era evidente, lo dudoso era la situación del jugador; los italianos, naturalmente, reclamaron que la falta se había producido fuera del área, aunque, luego, el jugador cayera dentro. Después de consultar, el árbitro, Horn, decidió: "Penalti"».

Sin embargo, apunta a un claro derribo a Gento, esta vez manifiestamente dentro, no indicado por el colegiado: «Ya solo quedaba un cuarto de hora para que el Madrid controlara el balón, Juanito Alonso salvara una ocasión italiana clara y Gento sufriera un penalti más evidente que el del gol...». No hay imágenes de esa jugada que puedan verificar el testimonio, pero parece que bien podríamos argüir el famoso «Vaya una jugada por la otra». El golazo posterior de Gento, en todo caso, quita relevancia a ambos penaltis, el que el trencilla creyó ver y el que debió haber visto.

La crónica de la final del diario *ABC,* resaltando la importancia de que el Real Madrid revalidara el trofeo con esta segunda Copa de Europa, ponderaba «los cien mil pañuelos al aire, las voces roncas de entusiasmo, el permanecer de la muchedumbre en pie, olvidada de todo, en un primer homenaje a la gloria del ratificado campeón de Europa». *L'Équipe,* con notable visión de futuro, sentenciaba: «El Real es un honor para el deporte universal del balón redondo».

2. Una tempranísima vocación universal

No cabe la menor duda del papel capital que la sociedad recién constituida desempeña en el fomento del balompié en la región y después en el conjunto del país, pero lo verdaderamente llamativo reside en el hecho de que la modesta creación de un equipo en los albores del fútbol, por parte de los propietarios de una empresa textil situada entre las calles de Alcalá y Cedaceros en una ciudad de España, mostrara tan rápidamente sus ambiciones globales, como indica Antonio.

El 21 de mayo de 1904, poco más de dos años después de la fundación del Real Madrid, se constituye la Fédération Internationale de Football Association (FIFA) en el edificio trasero de la sede de la Union des Sociétés Françaises de Sports Athlétiques (USFSA), en la rue Saint-Honoré, 229, de París. Los apoderados de las siguientes asociaciones firmaron el acta fundacional:

Países	Asociación
Francia	Union des Sociétés Françaises de Sports Athlétiques (USFSA)
Bélgica	Union Belge des Sociétés de Sports Athlétiques (UBSSA)
Dinamarca	Dansk Boldspil-Union (DBU)
Países Bajos	Koninklijke Nederlandse Voetbalbond (KNVB)
España	Madrid Football Club
Suecia	Svenska Bollspells Förbundet (SBF)
Suiza	Association Suisse de Football (ASF)

Representando a Francia se encontraban Robert Guérin y André Espir; a Bélgica: Louis Muhlinghaus y Max Kahn; a Dinamarca: Ludvig Sylow; a los Países Bajos: Carl Anton Wilhelm Hirschmann; a Suecia: Ludvig Sylow; a Suiza: Victor E. Schneider; por el Madrid Football Club André Espir.

El citado André Espir apoderó a España a través del Madrid. Era el hombre de los Padrós. La Federación Española de Fútbol aún tardaría en aparecer cinco años más, y la selección, dieciséis. Ninguna de estas instituciones representó por tanto a España en el amanecer de la internacionalización del fútbol como deporte. El Madrid lo hizo, asumiendo el papel que en buena lógica habría correspondido a instituciones que aún no existían.

Este hecho, prácticamente desconocido para la mayoría de los aficionados al fútbol del planeta, convierte al club en pionero de la idea de dicho deporte como fenómeno que trasciende fronteras. No es un hito tan famoso como la participación decisiva del Real Madrid en la creación de la Copa de Europa en 1955, pero es tan crucial como este, y revela una aspiración de liderazgo internacional marcada a fuego desde los propios orígenes de la entidad. La universalidad del Real se intuía ya en los primeros pasos de existencia dados al alba del siglo pasado, todavía en pleno amateurismo, cuando aquel grupo de burgueses que practicaban un deporte excéntrico llegado de Inglaterra, dando patadas a un balón de cuero en un descampado limitado por las calles de Velázquez, Lista, Núñez de Balboa y Padilla, se ganaba aún la vida en la industria textil, entre otras cosas.

«En 1906 —recuerda Antonio Valderrama en *La Galerna*— visitaba Madrid el presidente de la República francesa, Émile Loubet, ocasión que aprovechó Padrós para organizar el primer partido internacional del Madrid, frente al Gallia Club Paris, campeón de Francia e histórico club que desapareció con la Segunda Guerra Mundial».

La vocación global de los colores blancos (si bien con una banda morada y pantalón azul por entonces) queda pues rubricada desde los mismísimos comienzos, y supone la semilla de universalidad que hoy lo distingue como una de las instituciones más admiradas de la tierra.

3. Los primeros *Galácticos*

La llegada al club del trío defensivo Zamora, Ciriaco y Quincoces, agregada a la del irundarra Luis Regueiro, dio un salto significativo de calidad al equipo. El «divino» era el mejor guardameta del mundo en aquel momento, y su experiencia, muy dilatada, tras pasar por el RCD Español (en dos etapas), el F. C. Barcelona y el marco en la selección. El dúo de zagueros llegó desde el Alavés y también formaban el eje defensivo del equipo nacional. Ambos se compenetraban a la perfección e hicieron del Madrid un equipo prácticamente inexpugnable. Luis Regueiro, apodado el «corzo», fue un jugador adelantado a su tiempo con una calidad y una técnica privilegiadas.

Con todos ellos, y en apenas cinco años, se consiguieron 2 Ligas y 2 Copas. La primera tuvo gran significación histórica por lograrse de manera invicta y por producirse en el campo de Les Corts. La temporada siguiente se revalidó el título con solvencia, algo que únicamente había logrado el Athletic Club. La Copa de 1934 fue importante para el club tras diecisiete años de sequía. El camino fue espinoso, sobre todo en el cuádruple duelo con el Athletic Club y en la final contra el Valencia en Montjuic. Dos años después la Copa fue la última competición oficial celebrada en el país. Una edición que quedó para el recuerdo con la victoria frente al F. C. Barcelona en la final tras una parada antológica de Ricardo Zamora.

4. El Atlético de Madrid, verdadero equipo del régimen

El club que se convierte en estandarte del nuevo régimen es el Athletic de Madrid, filial madrileño del Athletic de Bilbao (hasta 1923 de manera oficial) y rebautizado como Atlético Aviación. Hablamos, por supuesto, del actual Atlético de Madrid, a cuyos partidarios habrá oído el lector menos ducho en estos avatares acusar al Real Madrid de club de los ricos y/o club del franquismo.

La única verdad es que Franco convierte al Atlético Aviación en el equipo del estamento militar por excelencia, con todo el poder que ello conlleva y la consiguiente ayuda económica. «Cuando oigo a alguien decir que el Madrid es el equipo del régimen, me dan ganas de cagarme en el padre de quien lo dice», se explayará a gusto Bernabéu, años más tarde, con la llaneza que le caracterizaba. «El equipo del régimen era el Atlético Aviación. A nosotros, Franco nos había metido a casi todos nuestros jugadores en la cárcel, mientras que ellos tenían la directiva llena de coroneles».

Según especifica Fernando Carreño en su blog tirandoadar, de *Marca*, «en las juntas directivas atléticas de 1939 en adelante, nos encontramos, entre otros, los nombres de Fuertes de Villavicencio (jefe de la Casa Militar de Franco, aquel a quien el Caudillo decía "hale, Fernandito, vete a ver a tu equipito", en referencia al Atleti, cuando acababan de despachar asuntos), Jesús Suevos (presidente del Atlético y cofundador de la Falange) o Javier Barroso, presidente, arquitecto del estadio Vicente Calderón y hermano del ministro del Ejército, Antonio Barroso. El gran presidente, don Vicente Calderón, era acérrimo partidario del régimen y, por citar otros ejemplos, el doctor Garaizábal, médico del club —como se ha dicho anteriormente—, lo era también particular del Generalísimo».

En esas condiciones no sería complicado que el nuevo equipo del régimen se hiciera con los servicios de Ricardo Zamora como entrenador. El régimen allanó muy claramente el camino. El historiador Félix Martialay escribe lo siguiente en su volumen V de *El fútbol en la guerra*:

> El célebre portero (entre otros, como vimos, del Madrid F. C.) fue fichado como técnico del Aviación en el verano de 1939, operación que concretaron el coronel Moreno Abella y el teniente Salamanca. En el mes de enero de 1940 el comité directivo de la Federación Española de Fútbol había decidido sancionar con tres años de castigo sin ficha

federativa al «divino» por su conducta durante el Glorioso Movimiento [...]. Dicha suspensión suponía que el Atlético Aviación se quedaba sin su técnico figura, pero el ministerio del Aire no quería que Zamora quedara apartado, y le encargó un trabajo en el mismo organismo que en el fondo no dejaba de ser una trampa. El general Moscardó lo trató con el ministro del Aire, al que envió una misiva que tuvo efecto. Zamora fue rehabilitado a los pocos meses y en el mes de diciembre, en un partido contra el Oviedo, ya se pudo sentar en el banquillo rojiblanco.

Queda claro el esfuerzo oficial para rehabilitar la figura de Zamora en el seno del Aviación.

Este es el contexto de franco (nunca mejor dicho) favoritismo rojiblanco en el que opera un Real Madrid que, a pesar del Caudillo, y no gracias a él, se obstina en renacer de sus cenizas, y lo logra.

5. Las catacumbas del Real Madrid

El Real Madrid, durante la Guerra Civil, conoce los ominosos ojos del Guadiana de su Historia. Con el estadio cerrado por la guerra, emerge la figura de Pablo Hernández Coronado, rabiosamente reivindicable por su gran importancia. De personalidad carismática y algo excéntrico, Hernández Coronado fue anteriormente un personaje capital en el país en el proceso de profesionalización del que terminaría siendo el deporte rey a lo largo de los años 30, amén de árbitro y muy ameno escritor sobre fútbol. Llegado el conflicto, desempeña el papel de hombre de transición entre aquellos éxitos durante la República y el ostracismo de la guerra. No es exagerado decir que nos hallamos ante el protagonista que, junto al directivo Carlos Alonso, salvan al Madrid de la desaparición en esos años de plomo y odio. Por avatares personales relacionados con la guerra, Alonso llega a residir literalmente en las oficinas de Chamartín, y como apunta Antonio vive de un pequeño huerto que él mismo planta en la única esquina del estadio donde da el sol. Confiscados los activos del club, convertido el estadio de Chamartín en campo de ejercicios militares, Hernández Coronado y Alonso se desviven por lograr que el equipo pueda seguir haciendo lo único que brinda algún alivio a sus futbolistas en el vía crucis del enfrentamiento bélico: jugar al fútbol.

Algunos campeonatos regionales (no es el caso de Madrid) se siguen disputando allí donde las batallas lo permiten. Así, Hernández Coronado incorpora el club a la Liga Suprarregional de Valencia, pero las enormes dificultades logísticas derivadas del conflicto le hacen desistir. La guerra había tornado el viajar hasta tierras levantinas en una odisea impracticable. El Gobierno había huido a Valencia ese agosto de 1936, y Madrid estuvo cercado desde entonces y hasta el final de la guerra, con estrechos pasillos al este y al sur.

Hernández Coronado logra el consenso de la Federación Catalana de Fútbol y de la Asociación de Futbolistas de dicha región para que le dejen disputar la Liga local, pero en el último minuto se produce la negativa de otra entidad. Se trata del F. C. Barcelona, que, a través de su delegado Rossend Calvet, niega al Real Madrid la posibilidad de jugar en Cataluña cuando el entrenador madridista Paco Bru ya había alquilado un chalet en El Masnou que podría servir de cuartel general del equipo en la Ciudad Condal.

En la reunión para corroborar todos los acuerdos cuando se propuso la votación, el por entonces presidente de la Federación catalana, Ramón Eroles, abandonó la sala con motivo de una llamada urgente. Al regresar lo hizo anunciando la llegada de un escrito firmado «por los verdaderos representantes de los clubs de Primera B», en el que se rechazaba la participación madridista. La nota jamás llegó. Unos días más tarde, estos equipos publicaron otra en catalán en la que se quejaban de que se les pusiera como excusa, y afirmaban que ellos no tenían problema para que el Real Madrid disputase la competición catalana. Es importante señalar que el acuerdo previamente alcanzado con todos los agentes involucrados en la región se sustentaba sobre la base de que el club blanco solo pretendía seguir jugando al fútbol de modo desinteresado, incluso había renunciado de antemano a la oficialidad del título de campeón de Cataluña en caso de conseguirlo. «Sin embargo, todo fue una maniobra de Calvet por la espalda para que no hubiese votación. La sensación existente es que había miedo a que el Real Madrid conquistase el torneo» *(Las grandes mentiras del fútbol español,* Félix Martialay y Bernardo de Salazar, Fuerza Nueva Editorial, Madrid, 1997). Esta negativa a disputar el campeonato catalán se deja sentir en las arcas del club.

Bru regresó a Madrid y disolvió el equipo, muchos de cuyos integrantes se marcharon al exilio cambiando el futuro de sus vidas. El presidente de la catalana, Eroles, también caería del cargo poco tiempo después.

Por lo demás, temeroso incluso de la integridad física de los documentos fundacionales del club, trémulo ante la posibilidad de que los trofeos conquistados desde dicha fundación (entre ellos las copas de las 2 Ligas) fueran presa del descuido o el pillaje, Hernández Coronado toma su conservación en buen estado como un afán personal. Las fuentes no son explícitas respecto a este particular, pero algunos historiadores recalcan que el secretario técnico en funciones guarda bajo llave, en su propia casa, los objetos y papeles señalados. Sobre el lugar donde se conservan los trofeos durante la incautación no existe consenso entre los estudiosos, si bien Félix Martialay señala que el directivo blanco Coppel, con negocios en joyería, escondió dichos trofeos «en su casa, mezclados entre relojes y joyas procedentes del establecimiento militar». Es un Real Madrid clandestino.

Hemos podido constatar en diferentes fuentes que los estatutos del club fueron guardados personalmente por Hernández Coronado en su domicilio. El propio hijo del directivo, Ricardo, así se lo confirmó en reiteradas ocasiones a José Manuel de Carlos, hijo a su vez del presidente Luis de Carlos y actual presidente de la Junta Electoral del club.

El cajón de su casa donde Hernández Coronado conserva durante la guerra esos papeles se convierte en una semilla de valor incalculable, como un punto espacial de densidad infinita que desembocará en un *big bang*. Cuánta lucha deportiva por venir y cuánta victoria, cuánta gloria futura almacenan esos papeles escondidos en ese desván o ese sótano. Lo mismo puede decirse de los trofeos hacinados furtivamente en una joyería madrileña, señuelo del éxito de un equipo que en ese momento está casi liquidado, en la modesta y terrible Guerra Civil de un país cualquiera, pero que resulta ser el país donde empezó todo. De algún modo, con todo el respeto para lo logrado antes, la leyenda futura del Real Madrid se activa en ese agujero de la capital española sitiada por las tropas de Franco. En el terreno de juego, el equipo ya había hecho antes gala de su proverbial pundonor, su orgullo y su negación de la posibilidad de la derrota, pero este esfuerzo casi clandestino de Hernández Coronado es la traslación de ese espíritu indomable al ámbito institucional. La entidad se zafa de la desaparición, imitando la resistencia a sucumbir ante el adversario que ya le había destacado sobre el césped. Son las catacumbas de la historia blanca.

6. Una historia de gratitud

Acerca de Bernabéu, tiene gracia pensar cómo el personaje fundamental en la gestación de la grandeza primigenia del Madrid recae en el puesto de manera prácticamente accidental. En 1943, a pesar de que roza por única vez en su historia el descenso a Segunda División, el equipo merengue se las apaña para golear estrepitosamente al Barcelona (11-1) en Copa del Generalísimo. Tanto el partido de ida como el de vuelta están envueltos en numerosos incidentes por parte del público, lo que mueve a las autoridades deportivas franquistas a ordenar la destitución de ambos presidentes, el madrileño y el catalán, avatar que desemboca en la elección del directivo Bernabéu como nueva máxima autoridad. Se cuenta que, formalizado el nombramiento, Bernabéu tranquiliza a su mujer: «No te preocupes, María, será cuestión de pocos meses». Es 1943. Santiago Bernabéu presidirá ininterrumpidamente el club hasta su fallecimiento en 1978, y se convertirá en la figura capital en la intratable pujanza del club en los años 50 y 60, marcando el camino de todo el esplendor que le aguarda al Madrid en el porvenir.

Nuevamente, la leyenda del Real Madrid no empieza cuando Bernabéu asume la presidencia, sino que es necesario volver atrás en el tiempo en busca de los acontecimientos pretéritos en la vida del propio Bernabéu que puedan guardar una relación causa-efecto, siquiera remota, con las iniciativas aparentemente desatinadas con las que cambiará el fútbol (y el deporte en general) para siempre: la construcción de un gigantesco estadio en el centro de Madrid (tildada de disparate en la época), el fichaje de los más grandes jugadores del planeta y la fundación de una competición transnacional como la Copa de Europa. Antonio Escohotado atina al destacar la muy posible influencia de los acontecimientos en la vida temprana del pequeño Santiago en lo que después acabaría sucediendo.

Bernabéu nace en Almansa (Albacete) el 8 de junio de 1895. Siendo niño, su familia se traslada a Madrid en busca de mejores perspectivas económicas y un futuro en la capital para sus hijos. Cursa sus años de colegio infantil en la escuela Alfonso XII de San Lorenzo de El Escorial, donde da sus primeras patadas al balón y se aficiona a la música. En 1909 se traslada a estudiar al instituto Cardenal Cisneros de Madrid. Ese mismo año fallece su madre. Bernabéu se refugia del dolor en la práctica del fútbol, y el equipo en el que pronto debutará con quince años será el mismo donde ya jugaba su hermano Marcelo, que es quien le anima a hacer una prueba. Le llaman «el Pato», por su extraña manera de correr, con «un caminar curioso y de pesado trote» *(Historias de una pelota,* Octavio Rivero Álvarez, Ed. Caligrama, Barcelona, 2019).

Pese a esta pequeña tara, será pronto el alma de una escuadra que aún es plenamente amateur, pero que ya lleva un nombre destinado a hacer historia: Real Madrid. El título de Real se lo concede Alfonso XIII, reconocido aficionado del equipo, como bien apunta Antonio.

En sus años universitarios fallece su padre, y esta orfandad ya total del joven Santiago puede tener un efecto catalizador en la historia del Real Madrid que no es difícil imaginar, aunque no nos consta que ningún historiador la haya insinuado. Porque es entonces cuando su equipo, donde con tanta pasión se emplea en la práctica del balompié, se convierte en su verdadera familia. En esos años de la primera década del siglo xx, en la villa y corte, Bernabéu no tiene siquiera un domicilio estable y conocido, sino que pasa temporadas en casa de uno u otro compañero de equipo. «Soy un enamorado de la amistad —diría más tarde; palabras que recoge Salazar-Simpson en el documental sobre su figura—. Es mejor que te traicione un amigo a desconfiar de su lealtad».

Sus amigos, en esos años de desvalimiento y soledad, son sus compañeros en ese equipo de fútbol. No es difícil intuir lo que el Real Madrid se convierte para él en ese tiempo (de hecho, se ve obligado a abortar un intento de nueva vida en Oviedo por lo mucho que echa de menos a sus compañeros), lo que inevitablemente lleva a pensar en la historia del club más grande de todos los tiempos como el desarrollo de un simple relato de agradecimiento. Las 13 Copas de Europa, 34 Ligas y resto de títulos tal vez sean también el fruto de una ambición indesmayable por devolver lo otorgado. No resulta descabellado leer lo que ha sido y es el Madrid como la propiedad transitiva de un eterno sentimiento de gratitud: el de Bernabéu hacia sus amigos, el de estos hacia la entidad que les permite soñar durante la guerra con volver a jugar al fútbol, el del propio club hacia su historia. El talento puesto al servicio de la gratitud: así se ha escrito tal vez la leyenda blanca, y se ha escrito así, como vemos, desde su génesis más remota, cuando aquel delantero aparatoso y corajudo, a quien apodaban «pato», decidió en su fuero interno, acaso sin verbalizarlo, que debía saldar su deuda convirtiendo a su grupo de amigos, y a los sucesores de los mismos, y a los sucesores de sus sucesores, en uno de los mayores mitos de la historia del deporte mundial.

7. La construcción del Bernabéu, fruto del ahorro de la clase trabajadora y la clase media madrileña

Poco después de colgar las botas, Bernabéu se convierte en delegado y gestor de fichajes. La organización de la gira americana de 1927 (la primera gira internacional en la historia del club) le eleva a directivo.

Luego llega la creación de la Liga en 1929 y los dos títulos ganados antes de que estalle el levantamiento de Franco, ya relatados, así como la tarea de reflotar (casi refundar) el club tras el conflicto, y su nombramiento como presidente presuntamente temporal en 1943.

Todo esto ya ha sido glosado, así como de soslayo nos hemos referido a la construcción del actual Bernabéu, auténtico acontecimiento impulsor del enorme auge que experimentará el club. Ya saben: erigir el mayor estadio de Europa, llenarlo de gente que acuda a ver a los mejores futbolistas del planeta (para lo cual primero tienes que contratarlos), fundar la más prestigiosa competición transnacional y ganarla cinco veces consecutivas.

La edificación del estadio (iniciativa por la que la prensa acusó a Bernabéu de poco menos que loco megalómano) es apoyada por el banquero Rafael Salgado, si bien el grueso de la financiación se lleva a cabo por medio de la emisión de obligaciones del club. La inmensa mayoría de esta deuda fue suscrita por pequeñas economías familiares, socios del Real Madrid pertenecientes a la clase trabajadora o a la modesta burguesía. Es un modelo ligeramente distinto al de los Abramóvich o jeques del mundo del fútbol actual.

Salazar-Simpson relata en su documental *Benabéu* cómo, en la noche previa a la suscripción, este no pudo pegar ojo. Se levantó pronto y se fue al banco donde debían realizarse las aportaciones para comprobar emocionado cómo ya había una cola que se había formado durante la noche. Antes de que abriese la oficina, la fila casi daba la vuelta a la manzana. Comprendió que la idea había sido un éxito, y he aquí otra vertiente desde la cual la historia del Real Madrid puede ser interpretada como una historia de gratitud: gratitud hacia esos pequeños obligacionistas, esa masa social atomizada que quiso compartir su sueño con Bernabéu. Quizá ellos no lo sepan, pero tras ese espíritu ganador que el Madrid (dicen) lleva en su ADN, y que los jugadores veteranos inculcan a los que se incorporan, late una tradición que es la de honrar el fenómeno social que Bernabéu activó, de manera prácticamente milagrosa.

Aún a día de hoy, palpita en el madridista ese espíritu comunal, ese deseo de participar en el futuro del club. En una de las últimas asambleas de socios, en la cual se aprobó la remodelación del Santiago Bernabéu, uno de los compromisarios (aquellos socios que por antigüedad y votos cosechados pueden participar en las decisiones del club) tomó la palabra para decir que no solo daba su visto bueno a la gigantesca obra proyectada por Florentino Pérez (de magnitud que a escala es similar o mayor a la planteada por Bernabéu en su construcción), sino que echaba de menos el haber podido contribuir financieramente a ella, tal como los padres del madridismo moderno hicieron al convertirse en obligacionistas. El profesor Bahamonde, quizá el más destacado historiador sobre el Madrid que hayamos podido disfrutar, define aquel Madrid como el ideal de «proyectar el fútbol hacia el futuro». No es mala forma de caracterizar tanto el Madrid de Bernabéu como el de Florentino, aunque quepa añadir: honrando siempre su pasado.

El estadio tal cual lo conocemos, el Nuevo Chamartín, se inaugura el 14 de diciembre de 1947 con un encuentro amistoso ante el equipo portugués del Os Belenenses. Los detractores de Bernabéu, los mismos que antes de su construcción se mofaban de su «megalomanía», hablan con sarcasmo ahora de «un estadio de primera para un equipo de Segunda». No aprecian que el club está creciendo al ritmo adecuado, con la visión de futuro revolucionaria de don Santiago: primero el estadio, luego los jugadores. Hasta la llegada de Di Stéfano en 1953, serán todavía años de sequía deportiva. En líneas generales, no se comprende que el Madrid está, sencillamente, tomando impulso deportivo, «proyectando el fútbol hacia el futuro», en las ya citadas palabras de Bahamonde. Merced a una política de precios populares, el club había logrado multiplicar por cuatro los ingresos de taquilla, que por entonces eran los únicos que tenían los equipos. Entre 1947 y 1953, por tanto, el Madrid sigue perdiendo en el campo, pero está amasando la caja que le permitirá fichar a Di Stéfano y a varios otros de los mejores jugadores del globo: Puskas, Gento, Rial, Santamaría, Kopa...

El Madrid es, desde el inicio de la leyenda, un triunfo del espíritu de vanguardia frente al «conservadurismo museístico», como lo definía hace poco uno de los impulsores de la animación oficial del club y estudioso del Real Madrid, Manuel Matamoros, entendiendo por tal un casticismo paralizante, obsesionado con el mantenimiento de la pureza de las tradiciones del club por encima de las posibilidades de crecimiento en el porvenir. Ese conservadurismo sigue muy presente en parte de la masa social madridista (muy especialmente madrileña), así como en sus altavoces mediáticos, y cabe preguntarse si no será lo mismo de lo que hacen gala quienes denostan la decisiva obra de remodelación del Bernabéu proyectada por Florentino Pérez, los que con escepticismo de brocha gorda lo llaman «tuneado» del estadio o construcción de una «lata de anchoas», cuando lo cierto es que es difícil contemplar el futuro de la entidad, en un contexto dominado por clubs-estado y grandes fortunas petroleras, sin la creación de ingresos extraordinarios como los que el nuevo estadio está previsto que produzca. La historia del Madrid puede ser vista como la del triunfo de la corriente más vanguardista dentro de su masa social sobre el cortoplacismo de tantos otros. Por supuesto, falta que el tiempo confirme que la actual remodelación del Bernabéu va a ser tan decisiva en el porvenir institucional como lo fue la construcción del mismo por don Santiago en los años 40.

8. Desmontando la leyenda negra del fichaje de Di Stéfano

Desde los años 80 del pasado siglo, el fichaje de Di Stéfano por el club de Concha Espina ha sido usado como arma arrojadiza por el barcelonismo, en la absurda pretensión de hacer calar la idea —que en parte ha hecho asombrosa fortuna— de que el Real Madrid poco menos que se valió de su favoritismo por el régimen franquista (favoritismo muy discutible, como ya se ha explicado aquí) para arrebatar al argentino al Barcelona cuando este ya había rubricado una relación contractual válida con la institución catalana. Nada más lejos de la realidad, y nadie lo ha desmentido de forma más documentada y objetiva que el periodista Alfredo Relaño. Su estudio puede encontrarse íntegramente en la web del diario *As,* pero nos permitimos, por la claridad expositiva de la larga pieza, mostrar algunos extractos de la misma.

Di Stéfano se había fugado del River Plate de Buenos Aires en agosto de 1949 para jugar con el Millonarios de Bogotá. Hasta ahí todas las versiones están de acuerdo. Allí se había organizado algo así como una «liga pirata», que contrató a jugadores de diversas procedencias (muchos argentinos, pero no solo de allí) sin pagar traspaso por ellos.

La FIFA reaccionó expulsando a Colombia de su organismo. Y se decretó la prohibición, para el resto del mundo, de concertar partidos amistosos con los equipos de la «liga pirata» colombiana.

La situación no era deseable ni para la FIFA (el fútbol de clubs de todo el mundo estaba amenazado por un país que no pagaba traspasos) ni para los propios clubs colombianos, que no podían recaudar ingresos en exhibiciones en amistosos, fórmula que entonces (sin televisión ni torneos internacionales) daba mucho dinero.

Así que en 1951 se llegó a un pacto, el llamado «Pacto de Lima», en el correspondiente congreso de la FIFA. Por él, se acordó que los jugadores «fugados» seguirían siendo propiedad del correspondiente club colombiano hasta el final de su contrato, fecha en la cual su propiedad regresaría a su club de origen.

El correspondiente club colombiano no podría traspasar a ningún jugador incurso en el caso, ya que no era de su propiedad más allá del tiempo en que expirara el contrato. Y el club que podríamos llamar «de origen» no podría disponer del jugador hasta una vez expirado su contrato con el club colombiano de que se tratase.

Con eso resuelto, los clubs colombianos ya podían jugar amistosos en el exterior. Eso permitió al Millonarios hacer una gira por Europa, que incluyó su presencia en los actos principales del Cincuenta Aniversario del Real Madrid. Un triangular entre el Madrid, el Norrköping y el Millonarios. Lo ganó el Millonarios y Di Stéfano deslumbró.

Eso ocurrió en marzo de 1952.

A Bernabéu le fascinó el jugador, se interesó por su fichaje y Alfonso Senior, presidente del Millonarios, le dijo que no podía vendérselo por las condiciones del Pacto de Lima. José Samitier, entonces secretario técnico del Barça y hombre extraordinario en todo (perspicacia, simpatía, relaciones...), también quedó prendado del jugador.

Ese mismo verano de 1952 el Real Madrid viajó a Caracas, a la llamada Pequeña Copa del Mundo. Allí jugaron dos partidos más el Madrid y el Millonarios, que, por cierto, salieron a palos. Y aún hubo un partido más, en Bogotá, entre ambos equipos. Mientras los jugadores se pegaban en el campo, los directivos estrechaban relaciones en el palco.

Al final de ese año 1952, y tras unos amistosos en Chile, Di Stéfano decide dejar el Millonarios y quedarse en Buenos Aires. [...] Le harta el ritmo de amistosos con que el Millonarios se está financiando.

Antes de quedarse en Buenos Aires, cobra por adelantado cuatro mil dólares, en concepto de anticipo por el contrato que le ligaba al Millonarios hasta finales de 1954. Se justifica ante sí mismo en la idea de que el Millonarios le tuvo sin pagar traspaso y que eso, a la larga, le ha complicado la vida. En el Millonarios, además, ha dado un rendimiento sensacional. Se siente con derecho a ese dinero.

Así que al empezar el año 1953, Di Stéfano está en Buenos Aires, resuelto a dejar el fútbol. No tiene, en principio, deseo de regresar al River Plate, donde ya antes de fugarse a Colombia había tenido problemas porque había sido uno de los jugadores distinguidos en la huelga de futbolistas que, a la larga, desembocó en aquella fuga masiva a Colombia.

En esas condiciones recibe la visita de enviados del Barça. [...] Di Stéfano recibió a los enviados del Barça y, tras algunas conversaciones [...], decidió aceptar.

El Barça le pagó al River Plate cuatro millones de pesetas en números redondos. Y Di Stéfano vino a España para jugar con el Barça, que lo recibió un 22 de mayo de 1953 junto a su familia.

El problema (acotamos nosotros a Relaño) es que el jugador no era propiedad de River. Tampoco lo era enteramente de Millonarios, por la irregularidad de la situación contractual, pero desde luego no era SOLO de River. Es decir, el Barcelona nunca tuvo realmente fichado al jugador. Prosigue Relaño:

El Millonarios (Alfonso Senior), conocedor de la operación, la había denunciado ante la FIFA. Senior, que era hombre de alto vuelo en el fútbol internacional, tenía además razón. Di Stéfano era del Millonarios hasta el final de 1954; solo a partir de enero de 1955 volvía a ser propiedad de River. Los derechos que había comprado el Barça no podrían entrar en vigor hasta entonces.

En contra de lo establecido por la maledicencia culé, en esas fechas Di Stéfano no llegó a jugar ningún partido, ni oficial ni amistoso, con el Barcelona. Continúa Relaño:

> Jugó algunos amistosos u homenajes más adelante, como lo hizo en otros clubs, como mostraré después. En la época eso era una práctica bastante común.

[Relaño se refiere a partidos amistosos jugados años después, cuando Di Stéfano ya ganaba una Copa de Europa tras otra con el Madrid, no en esta anterior etapa de indefinición contractual].

> Se ha sostenido con frecuencia, decía, que Di Stéfano jugó con el Barça tres partidos ese verano. No es verdad. Esos partidos no existen. No aparecen en ningún lado.
> El que tenga interés puede repasar (es fácil ahora, en internet) las colecciones de *El Mundo Deportivo* o *La Vanguardia* en esos meses de verano de 1953. O, si se prefiere atajar, se puede consultar el espléndido libro *Barça eterno,* de Toni Closas y David Salinas, que recoge con un detalle impresionante todos los partidos de la historia del Barça. [...]

Entre tanto, el Barcelona, a través de su presidente Martí Carreto, hace una aproximación al Millonarios para tratar de desmadejar el lío a tres bandas (jugador-River-Millonarios).

Y atención porque aquí viene la razón por la cual Di Stéfano no jugó en el Barcelona.

Martí Carreto [...] se entrevista con Alfonso Senior [presidente, recordamos, de Millonarios], con el que no llega a un acuerdo. Senior le pide veintisiete mil dólares, el equivalente a 1.350.000 pesetas, la tercera parte de lo que el Barça había pagado al River. Martí Carreto no lo encuentra razonable. Entiende que el Millonarios quiere sacar un dinero excesivo por un jugador que en realidad ya no tiene, que se les ha fugado. Y le dice que está dispuesto si hace falta a tenerle un año y medio sin jugar, hasta que se cumpla el plazo de propiedad del Millonarios. Lo declara así, cosa que a Di Stéfano no le hizo ninguna gracia, como es de entender.

Rompen, pues, el Barça y Millonarios. Es entonces cuando Senior habla con el Madrid, con el que tiene buenas relaciones. Y a instancias de Álvaro Bustamante, un vicepresidente muy atrevido que iba más allá que Bernabéu, el Madrid decide comprarle al Millonarios, por esos veintisiete mil dólares, la parte correspondiente de los derechos. Raimundo Saporta viaja para hacer la entrega.

Por tanto, la razón por la cual el mayor astro del fútbol de la época no jugó de blaugrana es porque la gerencia culé se niega a pagar esos veintisiete mil dólares que podrían haber cerrado la operación, deshaciendo el entuerto. Al no poder tampoco, por efecto del Pacto de Lima, fichar por el Madrid, a pesar de que el club blanco ha comprado sus derechos a Millonarios, la suerte profesional de Di Stéfano queda bloqueada hasta 1955. Muñoz Calero, hombre de la FIFA y anteriormente directivo del Atlético de Madrid, ejerce de árbitro y sugiere una decisión salomónica por la cual, hasta 1955, Di Stéfano jugará un año alterno en cada uno de los dos equipos, Madrid y Barcelona. El acuerdo se llega a cerrar entre ambos clubs, pero cuando Di Stéfano ya había comenzado a «rotar» entre ambas escuadras sucede lo que deslegitima, por si quedaba duda, la menor pretensión de hacer triunfar la idea de que el Madrid «roba» al jugador, y es que el Barcelona venderá al Madrid sus derechos sobre Di Stéfano. En definitiva, en medio del quilombo, suceden dos cosas que dejan diáfano que la culpa de que el Barcelona nunca contara con la Saeta Rubia es íntegramente del propio Barcelona, primero por no querer pagar al Millonarios esa parte de los derechos, y segundo, por vender los suyos, finalmente, al Madrid. Dejemos rematar a Relaño:

> El Barça decidió esa semana («per vosaltres el pollastre» [para vosotros el pollo]) venderle su parte de Di Stéfano al Madrid. Le parecía irregular la situación de tener un jugador compartido con el club blanco. Previamente al partido entre ambos clubs, jugado el 25 de octubre, se firmó el documento por el que el Madrid le pagaba al Barça los cuatro millones, con intereses, que el Barça había pagado meses atrás a River Plate.
>
> Desde ese momento, Di Stéfano era plenamente del Madrid.

9. Con amigos como Franco, ¿quién necesitaba enemigos?

Ya ha quedado explicado lo diametralmente ajena a la realidad que es la vieja leyenda negra del madridismo de Franco, y hasta de un supuesto trato de favor del Caudillo al club merengue. Tal cosa no fue cierta en ningún momento: ni en los primeros albores del franquismo (ya han sido especificados los favores del régimen al actual Atlético de Madrid, circunstancia acompañada por una muy precaria cosecha de títulos para el Madrid hasta la llegada de Di Stéfano), ni en los últimos estertores de la dictadura (en los primeros setenta, la alcaldía franquista de Arias Navarro bloqueó el proyecto de construcción de un gran estadio madridista a las afueras de la ciudad, frustración que, dicen, terminó de hundir anímicamente a Santiago Bernabéu). Está documentada incluso la oposición de Franco, a un Bernabéu mucho más joven, en lo relativo a la creación de la propia Copa de Europa. Un telegrama proveniente del Palacio de El Pardo alertó al gran patriarca blanco de las posibles consecuencias de la instauración de un torneo mal visto por un régimen eminentemente autárquico, pero la respuesta —telefónica y apócrifa— de don Santiago fue: «Díganle al Generalísimo que, si quiere impedir que vaya a París, tendrán que detenerme en la frontera».

La mayor paradoja, quizá, consiste en el hecho de que la mayor parte de los intentos de vinculación entre madridismo y franquismo viene de la órbita catalana, cuando precisamente no hubo un club que laureara más veces al Caudillo, en retribución por los favores otorgados, que el blaugrana de la Ciudad Condal.

El Barcelona rindió honores al Generalísimo no una sino no menos de ¡¡siete veces!!, a saber: insignia de oro y brillantes en 1951; libro de las Bodas de Oro del club en 1952; butaca presidencial en la inauguración del Camp Nou en 1957; audiencia al presidente Miró-Sans en 1959; entrega de obsequio religioso del club al dictador en 1962; medalla conmemorativa de la inauguración del Palau en 1971 y nueva medalla de oro en 1974, si bien esta última se presenta como «obligatoria» por parte de los azorados fans de las bondades y los valores culés. En octubre de 2019, el «més que un club» retiró dichos reconocimientos a Franco de manera ligeramente póstuma, gesto que sirvió al menos para que mucha gente se enterara de que dichas condecoraciones existían, estando como habían estado ocultas por la proverbial propaganda azul y grana. Se echa en falta en esta decisión, con todo, la iniciativa de devolver no solo las medallas, sino también el dinero de Franco que salvó al Barça de desaparecer merced a tres recalificaciones de Les Corts, la primera de las cuales fue premiada con la primera insignia de oro y brillantes a don Francisco.

10. La figura trascendental de Saporta

Raimundo Saporta figura en la historia del Real Madrid como la quintaesencia del perfecto gregario de los despachos, dicho sea con todos los respetos, el complemento ideal de un Santiago Bernabéu que «fichó» a su directivo por excelencia siendo este jovencísimo (veintiséis años) y a pesar de que no sabía nada de fútbol. «Pues por eso mismo», se cuenta que le replicó don Santiago, deslumbrado ante su personalidad, iniciativa y cualidades diplomáticas. Es un personaje central en la historia blanca, prototipo además de caballerosidad y talante intachable. Sirva como muestra el regalo que enviaba a cada jugador del eterno rival, el F. C. Barcelona, que contraía matrimonio.

Saporta fue el hombre de las relaciones institucionales del Madrid durante casi tres décadas. Fue también el artífice del despegue de la sección de baloncesto, que (en buena parte gracias a su labor en esos años) acumula ya éxitos parejos a su hermana mayor, la sección de fútbol: 35 Ligas y 10 Copas de Europa (o Euroligas).

Precisamente el exjugador de la sección José Luis Llorente, perteneciente además a la mítica saga de los Llorente Gento, le recuerda así:

Conocí al «jefe», como le llamábamos en nuestra más tierna juventud, muy pronto. Por sus manos pasaban las grandes decisiones del club, pero seguía siendo una persona que también quería conocer los mínimos detalles. Apenas con quince o dieciséis años y recién llegados al Madrid, nos concedía breves audiencias a las que acudíamos con el respeto y el temor que infundía una figura inabarcable. Aquel día, con curiosidad y los nervios asomándose al intestino, me acerqué a su despacho a la hora que había sido citado. Cuando llegué a la antesala, Amancio Amaro esperaba sentado, por lo que me encogí un poco más. Solté un tímido «buenas tardes» y me armé de paciencia para esperar. Al cabo de un par de minutos salió el propio don Raimundo y me dijo: «Pasa, chaval». Sobresaltado, miré de reojo al capitán del equipo de fútbol, mientras que de fondo pude oír la voz del «jefe» diciéndole al futbolista que «su cita era posterior». Esta fue la primera lección que aprendí en el Madrid: todos somos igual de importantes, todos merecemos el mismo respeto.

Nuestra charla fue corta —prosigue Llorente—. Me preguntó por mi tío [Paco Gento] y por qué me había dado por el baloncesto; qué tal iba en el colegio y qué planes tenía para el futuro. Le dije que iba a estudiar Derecho y Empresariales, a lo que me contestó con satisfacción: «Muy bien, el deporte pasa muy rápido y la vida continúa». […] Así era don Raimundo, preocupado por los problemas de Amancio y demás figuras del fútbol, pero atendiendo con mimo a los recién llegados al club. Tengo para mí que esta impregnación de madridismo, este bautismo en la fe blanca, era un calculado movimiento de estrategia societaria, el establecimiento de un vínculo con una entidad protectora cuya relación mutua se extendía más allá del deporte.

11. Los eslabones de la gloria

La final de Bruselas ante el Partizán (1966), la Sexta, representa la cúspide del llamado Madrid de los Ye-yés, con Gento convertido en eslabón entre la irrepetible generación de los años 50 y la más modesta cosecha, íntegramente nacional, que vino después. La Sexta es, en efecto, el único de los entorchados europeos blancos íntegramente protagonizado por españoles, entre los que se contarían mitos como Amancio y Pirri. Del primero, el rey del amago, diría Del Sol que «amaga a su propia cama antes de acostarse». Aunque defensa ocasional, Pirri fue ante todo un centrocampista total, precursor tal vez (o uno de ellos) de lo que hoy llaman *box to box,* puro ejemplo de pundonor sin que ello le impidiera anotar ciento setenta y dos dianas. Es la viva imagen de la lucha que caracteriza al Madrid en el imaginario colectivo. Sufrió numerosas lesiones graves, algunas de las cuales ni siquiera le hicieron desistir de seguir en el campo. Como enumera Alberto Cosín, cuya ayuda tanto agradecemos en la elaboración de este libro, «una rotura del radio en la final de la Recopa ante el Chelsea, o aquella mandíbula partida en una final de Copa ante el Atleti, o aquel Clásico con cuarenta de fiebre (¿y con la clavícula rota?) en 1968, son las más conocidas de sus lesiones, pero también sufrió una rotura de peroné, una rotura de una falange del pie o un desgarro muscular. Por todo ello, Santiago Bernabéu le premió con la Laureada del club en julio de 1968».

El Madrid de los Ye-yés da paso al llamado Madrid de los Garcías, un combinado formado por aguerridos futbolistas, en su mayoría canteranos y en buen número apellidados en primera o segunda instancia como el mote (jocosamente respetuoso) indica. Son años de escasez, y no hay recursos financieros para optar por los mejores jugadores del mercado, como ha sido tradicional en la escuadra blanca.

Es un Madrid menor, recordado, con todo, con gran cariño. Encadenó un buen número de Ligas en los años 70, aunque se mantuvo lejos de la gloria europea durante la mayor parte del tiempo, llegando con todo a rozarla en 1981 con la clasificación para la final de la Copa de Europa de ese mismo año, que se perdió ante el Liverpool con el solitario gol de Alan Kennedy. Laurie Cunningham, el fichaje más caro de la historia del club hasta la fecha, fue utilizado como chivo expiatorio de la derrota, aunque todo parece indicar que jugó semilesionado, impelido a estar sobre el césped por la responsabilidad personal que le acarreaba su precio. Cunningham, el primer negro que jugó con la selección inglesa, es hoy un futbolista de culto.

Por efecto tanto del trauma de esa final perdida como de las propias limitaciones de las sucesivas plantillas, se trunca incluso la buena marcha en títulos nacionales, que no se recuperará hasta la Quinta del Buitre, ya a mediados de los años 80. Antes, y a pesar de la precariedad económica, el club logra otro hito sin parangón en el balompié europeo, un jalón de éxito que tal vez otro equipo pueda igualar en el futuro, pero nunca superar. El 4 de junio de 1980 el Real Madrid disputa la final de la Copa del Rey… ante su propio filial, el Castilla, al que derrota por 6-1. El filial blanco jugará por tanto la Recopa al año siguiente, una situación sin precedentes que plasma como pocas otras la fiabilidad histórica de la cantera blanca. Cantera de la que nacerá también la ya adelantada Quinta del Buitre, fenómeno deportivo, mediático y sociológico que desterrará la sempiterna idea de la furia española («¡A mí, Sabino, que los arrollo!») en perjuicio de un balompié sofisticado, pleno de clase y distinción, que empuja al aficionado al estadio en busca de un placer estético glosado por la intelectualidad.

Butragueño, Míchel, Sanchís (hijo), Martín Vázquez y Pardeza —este último de forma más efímera— harán las delicias de la concurrencia al tiempo que encadenan 5 Ligas, pero no lo harán sin la ayuda de fichajes del presidente Ramón Mendoza como Hugo Sánchez, Gordillo, Buyo o Maceda, junto a los cuales levantarán también 2 Copas de la

UEFA consecutivas. En estos dos últimos logros, que prestigiaron a esta hermana menor de la Copa de Europa, fueron también secundados por dos veteranos de excepción, Juanito y Santillana, como últimos eslabones del Madrid de los Garcías. Santillana permanece en el ideario colectivo blanco como el paradigma del remate de cabeza como mandan los cánones (ideal que ni siquiera un cabeceador de otra galaxia como Cristiano Ronaldo ha logrado sustituir del todo), y el nombre del malogrado Juanito sigue siendo coreado en cada minuto 7 de los partidos del Bernabéu. El 7: número de resonancias ligadas a camisetas legendarias, como las de Amancio, el propio Juanito, Butragueño y el mismísimo Cristiano.

Todos los jugadores mencionados, síntesis de diferentes generaciones y estilos, protagonizaron las inolvidables remontadas europeas de los años 80, que les permitieron algo mucho más importante que solo ganar 2 Copas de la UEFA: instalarse como los héroes inmarcesibles de varias generaciones de madridistas pese a no lograr nunca la Copa de Europa mayor, la de verdad (y mira que anduvieron cerca, ay, Eindhoven. Las pesadillas de los madridistas que ya peinan canas aún están pobladas por las paradas de Van Breukelen en aquel 0-0 en Holanda, que dejó a la Quinta compuesta y sin orejona merced al doble valor del gol del PSV en el partido de ida en Chamartín [1-1]). Mentimos: uno de ellos, Sanchís, sí lo lograría años después, presente como estaría en la Séptima y la Octava, logradas bajo la presidencia de Lorenzo Sanz.

12. Que vienen los *Galácticos*

El fichaje de Figo fue el primero en la saga del llamado Madrid de los *Galácticos,* nomenclatura desaprobada por algunos de los compañeros de los interesados, en particular por Raúl y por Casillas, este último autor de la célebre réplica «¿Cómo voy a ser galáctico si soy de Móstoles?».

Figo fichó por el Real Madrid en el verano de 2000 procedente, por supuesto, del F. C. Barcelona. Su contratación por el eterno rival trajo consigo una reacción social de odio por parte del barcelonismo que cristalizaría en noviembre de 2002 en la infame noche del cochinillo, así llamada por la cabeza de dicho animal que fue arrojada al césped del Camp Nou por las hordas blaugranas ciegas de cólera. Más lamentable aún fue el que se arrojaran también botellas de cristal, en particular una de JB que bien podría haber causado una desgracia, todo ello ante la increíble tibieza, por no decir el soterrado aplauso, de la práctica totalidad de los medios españoles. Aunque existe la percepción generalizada de que el portugués dio sus mejores años de fútbol en el club catalán, su nutrido palmarés en apenas tres temporadas de blanco no parece refrendar la tesis. En el equipo de Concha Espina, Figo se hizo con una Champions League (la ansiada Novena en el año del Centenario), 2 Ligas, 2 Supercopas de España, 1 Supercopa de Europa y 1 Copa Intercontinental. Preguntado años después por la dualidad vikingo-culé de su trayectoria, Figo espetaría: «Tuve la suerte de jugar en un gran club como es el Barcelona. Pero también el honor de jugar en el Real Madrid, que es el mejor club del mundo».

Zinédine Zidane fue la segunda joya de la corona, o al menos así puede catalogársele desde un punto de vista cronológico. Universalmente considerado como uno de los mejores futbolistas de todos los tiempos, pocos deportistas han logrado una simbiosis de estética y eficacia similar a la que el marsellés regaló en sus años de fútbol. Como entrenador, su cosecha de títulos lo dice todo. Tres Champions consecutivas suponen un logro sin parangón en la historia del balompié, y probablemente en el futuro del deporte de la pelota. Como jugador blanco, el cénit de muchas actuaciones asombrosas se produce sin duda en Glasgow un 15 de mayo de 2002, cuando, cazando un balón llovido del cielo por Roberto Carlos, descerrajó el remate más bello y a la vez decisivo de la competición, con la única y relativa competencia de la chilena de Gareth Bale en Kiev en 2018 que daría la orejona… también al Real Madrid, y bajo las órdenes de Zidane. Todo comenzó en una cena de gala con el discreto envío de una servilleta que tuvo por emisario a un camarero. Nadie, ni el propio interesado, sabe por qué Zidane, siendo francófono, respondió en inglés a la pregunta de si quería jugar en el Real Madrid. Es, cronológicamente también, el primer enigma blanco de ese pozo insondable de misterios gozosos que constituye Zinédine Yazid Zidane.

Ronaldo Nazário ficha por el club presidido por Florentino pocos meses después de la consecución de la Novena. Jorge Valdano, a la sazón segundo de a bordo de Pérez, relatará la clase magistral de negociación telefónica que el empresario llevaría a efecto para lograr convencer del traspaso al Inter sobre la campana del cierre del mercado veraniego (se puede oír en una reciente entrevista concedida en el programa *El Transistor*, de Onda Cero). Muchos madridistas nacidos más allá de 1960 siguen considerando al brasileño, que superó ejemplarmente sus gravísimas lesiones en la rodilla, como el delantero centro más asombroso que han visto jamás correr en el Bernabéu, «como una manada de búfalos», en palabras del propio Valdano. La jugada que hiló con Zidane en una gélida tarde en Pucela sigue siendo considerada por muchos como el mejor no-gol de la historia del Real Madrid, y ciertamente epítome del llamado galactismo. De merengue ganó 2 Ligas, 1 Copa Intercontinental y 1 Supercopa de España. No pocos de los muchos entusiastas de su juego consideran un sindiós el que se marchara del club sin lograr la Champions League. David Beckham arriba a la Casa Blanca un año después de Ronaldo Nazário, completando con Figo, Zidane y Ronaldo un póquer de estrellas que no se había visto en el mundo del fútbol desde que Bernabéu juntó a Di Stéfano con Puskas, Gento y Rial. Pronto se vio que su enorme tirón mediático y atractivo para la prensa rosa no se traducía en ninguna actitud de *prima donna* ni falta de profesionalidad. Todo lo contrario. David Beckham no solo dejó huella por su excelso toque de balón en corto y largo, por sus centros envenenados desde la banda y sus temibles lanzamientos de falta. También lo hizo por su amor propio y compromiso. Irónicamente, sin embargo, la temporada de su llegada fue también la del gran descalabro del equipo, que bajo el mando técnico de Carlos Queiroz perdió todos los títulos en liza, desmoronándose tras el brillante fútbol de la primera vuelta. Como consecuencia de esa mala temporada y las siguientes, Florentino Pérez abandonaría temporalmente el club, de modo que —más irónicamente aún— el único gran título de Beckham en el Madrid, la Liga, la consigue con un inquilino en el despacho presidencial diferente del hombre que le trajo al Madrid.

13. Breve historia de algunos clásicos

El 11-1 al Barcelona en la temporada en que el Madrid casi desciende a Segunda (1943) es invocado con frecuencia por el barcelonismo como el culmen de la falta de deportividad y supuesta prueba de la injerencia del régimen franquista en las victorias blancas. Es cierto que el ambiente en Madrid fue ensordecedor (nunca mejor dicho, pues casi cada persona del público portaba un silbato que hacía sonar cada vez que el Barcelona tocaba el balón), pero no lo es menos que este ambiente hostil era en respuesta al que ya se había perpetrado en la Ciudad Condal, donde los forasteros habían sido recibidos de la manera más hosca. Alegan los culés una supuesta visita de un político franquista al vestuario culé, en el descanso, para amedrentar a los azulgranas, pero ni la visita en sí ni la naturaleza de la misma están históricamente claras. Todo hace indicar que, incapaz de soportar sobre sus espaldas el peso de unos guarismos dolorosísimos, el característico revisionismo histórico del eterno adversario ha tratado de pintar la estampa, poco más o menos, de un Franco vestido de corto que bajó a rematar ante el pavor extradeportivo de los futbolistas visitantes, y ha pretendido que el madridismo emita sobre dicha goleada una petición de disculpas similar a la que la Iglesia católica llegó a propagar sobre los crímenes de la Inquisición.

Escribe el culé confeso Carles Torras, autor de un libro de historia... del Real Madrid:

> Hoy en día es cierto que solamente los ultras del Madrid hacen gala en algunas de sus bufandas de aquel resultado mucho más bochornoso para la ya extinta España trasnochada y cavernaria de Franco que para los once hombres —diez, por la expulsión— que recibieron semejante correctivo sobre el césped. Pero la historia oficial del club blanco, ciertamente, sigue definiendo aquel atropello abusivo como una gesta heroica. Y, como veremos más adelante, esta falta de sensibilidad histórica no puede considerarse una excepción.

No deja de tener gracia que se acuse al madridismo de «falta de sensibilidad histórica» ante un marcador legendariamente bochornoso para los blaugranas, cuando sin necesidad de remontarnos a 1943 encontramos en el recibimiento a Figo en el Camp Nou (la famosa noche del cochinillo ya citada) la más vergonzosa muestra de salvajismo colectivo vivido en el fútbol de élite desde las páginas más nefandas del hooliganismo inglés, sin que por el momento el F. C. Barcelona haya emitido jamás unas disculpas históricas por aquel desatino tribal que muy bien pudo rubricar una tragedia, amén de un problema de orden público muy serio.

El partido fue todo un desafío al concepto mismo de la seguridad en los estadios de fútbol y, a través de una fiebre inusitada de violencia colectiva, se dio asimismo una manifiesta manipulación del choque a nivel deportivo, y por tanto de la competición. ¿Qué otra cosa puede decirse de un encuentro en el que el lanzador habitual de córneres de un equipo (Figo) tiene que desistir de su misión por la lluvia de objetos que le cae encima en cuanto se aproxima a la esquina? Sin embargo, aquella noche de oprobio ha sido blanqueada, cuando no ensalzada, no solo por el Barcelona sino por los medios españoles afines, suponiendo que los no afines existan. Un reportaje de la BBC británica, con ocasión del aniversario de la velada de marras, fue suficientemente revelador.

«Barcelona vs. Real Madrid: el curioso incidente de la cabeza de cochinillo en el Camp Nou». Ese fue el título. Poco promisorio para cualquier amante de la decencia resulta un título que solo se atreve a calificar de «curioso» un episodio tan instalado en la ignominia como aquel. Observen el blanqueamiento al que aludíamos. Anna Blasco, una espectadora presente en el estadio, calificó en el reportaje de «espectacular» la velada. «Nunca he vivido nada semejante, ni antes ni después», decía enfervorizada la buena mujer, para continuar loando pormenores de la animalada como quien consigna una bella hazaña colectiva: «Manel Vich, el *speaker,* hizo una pausa intencionada al llegar al nombre de Figo, cuando anunciaba las alineaciones, para que el público pudiera abuchear. Aquel sonido...». Aquel sonido era música para mis oídos, le faltaba decir a Anna, henchida de una especie de arrobo agresivo, si cabe tal cosa.

«Hablamos de un país que no hace tanto sufría una dictadura». Quien inevitablemente arrojaba luz política (cómo no) sobre el asunto no era otro que el comentarista Michael Robinson, fallecido en 2020, quien proseguía: «El Barcelona es "més que un club" por su espacio en la sociedad catalana, y hay connotaciones políticas por el mal trato de Franco a la región. De modo que Figo cometió la mayor traición posible al firmar por el Real Madrid». Astuta (o no tanto) forma de dar por sentada la conexión Franco-Real Madrid. La leyenda negra de la conexión Franco-Real Madrid vuelve a ser el *leitmotiv* de la propaganda culé a la que nos referimos, y presenta en cambio al Barcelona como máximo adalid de las libertades.

También hizo aparición en el documental el exjugador Michael Reiziger, quien quizá con ingenuidad retrataba al Barcelona en sus pulsiones políticas más que nadie ajeno al club: «Cuando juegas en el Barça, juegas para todos los catalanes. Cuando juegas contra el Madrid, juegas representando todo lo que el Barça es». Nuevamente, se impone como verdad incuestionable la encarnación exclusiva de todo lo catalán por parte del club azulgrana (¿acaso existe, por ejemplo, el Real Club Deportivo Espanyol?), con lo que el Madrid, de manera instantánea, quedaba situado en el extremo político opuesto por más que el Real Madrid no se posicione jamás políticamente.

Éramos pocos y por eso entra ahora en acción (seguimos hablando del reportaje de la BBC) el inefable Joan Gaspart: «No digo que Figo tuviera una actitud provocadora, pero comprenderán que si un jugador pretende sacar un córner... En cualquier caso, ninguno de los objetos que le lanzaron le impactó». Es, sin duda, el *highlight* total de aquel reportaje, hasta el punto en que se hace difícil contener la náusea. Es lo mejor que se le ocurre decir al entonces presidente del Barcelona ante el grave problema de orden público que él mismo se había ocupado de crear, promoviendo por todos los canales posibles un recibimiento para Figo como el que tuvo. Pretender (¡pretender!) lanzar un córner no como provocación, pero casi (en declaraciones más recientes, Gaspart se ha ahorrado el «casi» y ha presentado las pretensiones de lanzar un córner por parte de Figo como una provocación en toda regla). Y mejor aún: tener que dar las gracias porque la botella de JB no alcanzó tu crisma para mandarte al otro barrio.

Vuelve Michael Robinson: «Estuvo lo de la botella de whisky, estuvo lo de la cabeza de cochinillo... Casi parece un linchamiento, pero yo prefiero verlo de otra manera completamente distinta. [...] Se lo he dicho al propio Figo: es solo un testamento de cuánto te quisieron. No podrían haber reaccionado así si no te hubieran amado». Acabáramos. Fue todo un acto de amor. Quien bien te quiere te hará llorar y tal. El maltratador que sabe perfectamente lo que su presa de la paliza de hoy necesita: a mí me duele más que a ti.

Ignoramos cuántas personas (pero presumiblemente muchas) leyeron y tomaron en serio esta edulcoración retrospectiva de un día como aquel por parte de la BBC. Nos parece muy raro que un medio de tal prestigio escoja espontáneamente un tema como ese, y más aún que le dé ese sesgo infame. No tengo pruebas de que se tratara de un reportaje subvencionado, pero es la hipótesis más plausible. Es sabido que el Gobierno catalán ha pagado campañas internacionales en apoyo de la causa separatista. El Barcelona es un innegable elemento propagandístico de esa causa.

Véase pues cómo los autores de ese recibimiento a Figo, del que como acaba de quedar demostrado aún se atreven a presumir a día de hoy, se permiten acusar de «falta de sensibilidad histórica» al Real Madrid por no haber borrado de sus propios libros de historia aquel 11-1 de 1943 (que hubiera sido un 18-1 de no habérsele anulado al Real Madrid un buen puñado de goles). El Real Madrid no presume particularmente de aquel 11-1, y puede que hasta pida perdón retrospectivo por el trato de la afición local cuando el Barcelona se disculpe por la mucho más reciente y sonrojante noche del cochinillo.

Por lo demás, los Clásicos entre Madrid y Barcelona siguen siendo el espectáculo futbolístico más fervientemente seguido en el planeta. Aunque la cosecha de títulos del Real Madrid, sobre todo en Europa, supera con mucho a la del Barcelona, el madridista nacido más allá de los años 60 recuerda más sinsabores que victorias en esos encuentros directos entre los dos grandes del fútbol español, con especial mención para algunas sonoras goleadas sufridas en feudo propio a manos de Messi y sus compañeros. Nada de eso ha servido para evitar que el margen de grandeza mundial del Real Madrid no haya hecho sino ensancharse cuando es comparado con el Barcelona. En los últimos años, al mando de Zidane, el Madrid parece haber tomado la medida a los Clásicos, y ha ganado tres consecutivos en el momento de redactar estas líneas, cosecha que podría haberse incrementado de no haber mediado arbitrajes discutibilísimos. Para ese madridista nacido más allá de los años 60, pervive como el recuerdo más disfrutable de los Clásicos el 5-0 endosado a los entonces entrenados por Cruyff. Era la época de Valdano como técnico. Ha habido muchos triunfos madridistas en Clásicos posteriores. En alguno de ellos existe la percepción de que se le perdonó la vida a los azulgranas, en el sentido de que el equipo se conformó con una victoria somera en lugar de intentar una humillación deportiva que el Barcelona, sin embargo, nunca duda en intentar endosar a los blancos cuando los tiene enfrente. Hay muchos madridistas que echan en falta en el equipo actual, en lo relativo a los duelos frente a frente contra el mal llamado «eterno rival» (el verdadero rival nacional de antaño era el Atleti), aquella «sangre en el ojo» de la que habló Iván Zamorano en la previa del hito conseguido en la temporada 1994-1995 como respuesta al 5-0 encajado en el Camp Nou un año antes.

Otros grandes recuerdos recientes de Clásicos son, para la parroquia blanca, las dos finales de Copa de 2011 y 2014, ambas ganadas, la primera con un mayestático cabezazo de Cristiano Ronaldo y la segunda con el famoso gol de Gareth Bale, en largo e imparable esprint desde campo propio triturando los isquios de Bartra. La victoria en el Camp Nou de 2002, en semifinales de la máxima competición europea, permanece como otra remembranza indeleble. Zidane adelantó a los de Del Bosque con una vaselina marca de la casa, y McManaman se convirtió en el característico héroe accidental del Madrid anotando el segundo nada más saltar al campo.

14. Un club comprometido con el mundo en que vive

En sus ya más de veinte años de existencia, la Fundación del Real Madrid ha superado ampliamente el millón de beneficiarios en ochenta países de todo el mundo, con proyectos que ponen el énfasis en la ayuda a la infancia. Considerando que en 2009 la Fundación solo estaba presente en nueve países, nos hacemos una idea del auge que ha experimentado la institución bajo el mandato de Florentino Pérez, auge obligadamente acentuado por efecto de la pandemia, y con planes de crecer aún más, generalmente en colaboración con *partners* locales. Este incremento previsto en la actividad de la Fundación lo explica Emilio Butragueño, director de Relaciones Institucionales, con paralelismos inevitablemente futboleros:

> Claro que seguiremos creciendo. ¿Conocéis a Florentino? Quien le conoce sabe que no para nunca. Pero hay dos elementos muy importantes que hay que conciliar: consolidar y crecer. Consolidar es vital, no puedes descuidar un proyecto para abrir otro porque juegas con vidas humanas, y descuidar un proyecto ya existente en beneficio de otro potencial significaría un paso atrás en el trabajo hecho con esa comunidad, sobre todo cuando trabajas con niños. Hay un componente educativo y educacional. Al final de la temporada pasada teníamos más de quinientas escuelas en el mundo. La idea es que haya más, obviamente, pero no a despecho de los proyectos ya existentes.
>
> Es como en el fútbol —insiste Butragueño—. Competimos para ganar, pero no ganamos de cualquier manera. Históricamente, tenemos una filosofía de ataque, de mandar en los partidos, con jugadores creativos que enamoran a los aficionados. Hay un punto estético ligado al Madrid. En partidos concretos no juegas bien y ganas, pero la filosofía es la que es. De igual modo, la Fundación no usa el deporte solo para que los niños en situación desfavorecida o los reclusos se diviertan, sino como un canal formativo en el que aplicamos nuestra propia metodología. Los niños alcanzan así unos hábitos que les acompañan durante el resto de su vida, y que les conducen a consagrar unos valores: el respeto, el trabajo en equipo, el afán de

superación... Somos formadores, no estrictamente entrenadores. Para ello, la Fundación ha desarrollado unos manuales para esos entrenadores-formadores. Hay que tener en cuenta, como decíamos antes, que trabajamos en cooperación con diferentes ONG por el mundo. Para que esa colaboración sea fructífera, sus entrenadores tienen que estar en consonancia con esa filosofía educativa común a todos nuestros proyectos.

15. El Real Madrid y los árbitros

Ángel María Villar ascendió a la presidencia de la Real Federación Española de Fútbol (RFEF) en 1988 y fue reelegido cada cuatro años hasta 2017. El 18 de julio de ese año fue detenido por la Guardia Civil, junto a su hijo Gorka y el vicepresidente económico de la RFEF, Juan Padrón, en el marco de la Operación Soule. Ingresó en la prisión de Soto del Real y fue suspendido como presidente de la entidad. Poco después dimitió de sus altos cargos en la FIFA y la UEFA y salió de prisión tras el pago de la correspondiente fianza. Las filtraciones de la Operación Soule destaparon un entramado de corruptelas en materia de subvenciones, captación de votos y sistema de designaciones arbitrales. La noticia de la detención de Villar saltó a los periódicos españoles sin que ninguno de ellos, con anterioridad, en los casi treinta años de «villarato», hubiera emitido señal alguna de haber investigado los desmanes del dirigente.

De todas sus reelecciones, la más polémica fue, sin duda, la de 2004, cuando Joan Laporta, presidente del F. C. Barcelona, cambió en el último instante su intención de voto para facilitar la permanencia en el cargo de Villar, traicionando el voto acordado con la Liga de Fútbol Profesional junto con otros directivos. Desde 2004 a 2017, el Barcelona ganó 8 Ligas y 5 Copas del Rey. Entre 2014 y 2016 logró completar cuatro vueltas completas al calendario con un solo penalti en contra. En la temporada 2015-2016, campeonato que el Barcelona ganó en la última jornada, disfrutó de diecinueve penaltis a favor por uno en contra. Su jugador Mascherano, central titularísimo del equipo durante cinco años, se retiró del Barcelona sin que se le señalara un solo penalti en contra en dicho lustro. En los quince años anteriores a la polémica reelección de Villar con ayuda del Barcelona en 2004, desde 1989 a 2004, hay un empate técnico entre el Real Madrid y el Barcelona en cuanto al saldo de expulsiones. El Real Madrid tenía un saldo de +23 y el Barcelona de +21, entendiéndose por dicho saldo la diferencia entre expulsiones a favor (es decir, de sus rivales en sus duelos contra ellos) y expulsiones en contra (expulsiones de jugadores propios). Pues bien: en los quince años siguientes a 2004, el Barcelona registró un saldo favorable de +53, mientras que el Real Madrid quedó en -1.

El Comité Técnico de Árbitros (CTA), que realiza las designaciones arbitrales, las cuales atienden a criterios desconocidos, depende directamente de la RFEF.

El exdirectivo de Laporta, Alfons Godall, declaró en 2012: «Laporta rompió la disciplina de voto de la Liga de Fútbol Profesional [apoyando a Villar], y vivimos años de muy buenas relaciones con la Federación y con las instituciones donde se cuecen las cuestiones arbitrales, como el Comité Técnico de Árbitros. Laporta cultivó muy bien la relación con esas instituciones y eso nos ayudó [...] en el saldo arbitral, es decir, lances favorables menos lances desfavorables».

16. Real Madrid, presente y futuro

El presente viene marcado por una gran incógnita: ¿será el Real Madrid capaz de seguir compitiendo en lo más alto en un entorno financieramente dominado por petroestados, a quienes la UEFA no pone coto en sus irregularidades relativas al *fair play* financiero? ¿Conseguirá una entidad poseída de modo atomizado por sus socios —particulares al mando de economías familiares— revalidar las maravillas deparadas en la segunda etapa del «florentinismo»?

Hagamos un repaso de algunas de estas maravillas:

— La magnitud sobrehumana de Cristiano Ronaldo, su caudal inagotable de goles de todas las clases, su resistencia indesmayable a la derrota.
— El minuto 92:48 de Ramos en Lisboa que Manuel Jabois inmortalizó apuntando que «un hombre iluminado, en trance, despegó los pies del suelo y dio un salto tocado de un aire salvaje y primitivo de primeros hombres».
— El balón dando vueltas sobre el índice de Lucas Vázquez en aquellos penaltis de Milán que dio pie al principal diario deportivo de Rusia, *Sport-Express,* para titular «Ley de Vida. El Real ha vuelto a ganar al Atlético en la final de Liga de Campeones».
— El apabullante baño a la Juventus a orillas del Taff, con Cristiano como estilete y Modric como faro, que hizo tartamudear a los comentaristas de ESPN: «El Real Madrid siempre será el primero. El primer campeón de Europa. El primero en hilar cinco Copas de Europa consecutivas. El primero en refrendar el título en la era Champions League».

— La chilena de Bale en Kiev, la que hizo perder los papeles al comentarista de la cadena Fox, que no puedo evitar preguntar a gritos al galés: «*Are you serious?!*».
— La llamada Liga del Coronavirus, lograda a la vuelta del confinamiento por la pandemia tras la primavera negra de 2020, merced a diez heroicas victorias consecutivas, con Ramos, Benzema y Vinicius a la cabeza.

La posibilidad de que el Real Madrid pueda reverdecer estos laureles en un contexto futbolístico mundial que en nada se parece a lo antes conocido descansa en gran medida sobre dos pilares:

1. La confirmación, una vez terminadas, de que las obras de reforma del estadio generarán los ingresos extraordinarios previstos (alrededor de doscientos millones de euros anuales).
2. La posibilidad de una solución sistémica para el fútbol de los grandes clubs, con la creación de una Superliga (o competición similar) que multiplique los ingresos de los clubs históricos, con el consiguiente beneficio también para el Madrid. Dado que este proyecto parece haber generado un brutal rechazo, no ajeno a cierta demagogia, en entornos sociales y hasta políticos, no es descartable que dicha solución pase finalmente por un nuevo acuerdo con UEFA y FIFA, entidades organizadoras que esquilman las rentas de los clubs, verdaderos protagonistas del negocio. UEFA y FIFA, hasta el momento, se han mostrado inflexibles en su negativa a estudiar fórmulas que rediman al fútbol de un destino marcado por el desinterés de las nuevas generaciones y la consiguiente muy drástica merma financiera.

Ambas cosas se antojan condición necesaria (no sabemos si suficiente) para que el futuro del club siga la senda de éxito deportivo e institucional que le ha caracterizado en sus ciento diecinueve años de historia, muy especialmente si se pretende que continúe siendo propiedad exclusiva de sus socios, lo que constituye una anomalía en el fútbol de élite europeo.

FUNDACIÓN REAL MADRID EN EL MUNDO

AMÉRICA
164 ESCUELAS

ARGENTINA	HONDURAS
BOLIVIA	JAMAICA
BRASIL	MÉXICO
CHILE	NICARAGUA
COLOMBIA	PANAMÁ
COSTA RICA	PARAGUAY
ECUADOR	PERÚ
EE. UU.	REP. DOMINICANA
EL SALVADOR	TRINIDAD Y TOBAGO
GUATEMALA	URUGUAY
HAITÍ	VENEZUELA

22.650 BENEFICIARIOS

ÁFRICA
57 ESCUELAS

ANGOLA	GABÓN	REP. DEMOCRÁTICA DEL CONGO
ARGELIA	GHANA	RUANDA
BENÍN	GUINEA ECUATORIAL	SENEGAL
BOTSUANA	KENIA	SIERRA LEONA
BURKINA FASO	MADAGASCAR	SUDÁFRICA
BURUNDI	MALAVI	SUDÁN
CABO VERDE	MARRUECOS	TANZANIA
CAMERÚN	MOZAMBIQUE	TOGO
CHAD	NIGERIA	UGANDA
COSTA DE MARFIL	REP. CENTROAFRICANA	
ETIOPÍA	REP. DEL CONGO	

7.742 BENEFICIARIOS

ESPAÑA
162 PROYECTOS

13.204 BENEFICIARIOS

Datos correspondientes a la temporada 2017-2018.

MÁS DE 105.000 BENEFICIARIOS EN 80 PAÍSES
TOTAL 988 PROYECTOS Y ACTIVIDADES

468
PROYECTOS SOCIODEPORTIVOS
77 PAÍSES
53.074 BENEFICIARIOS

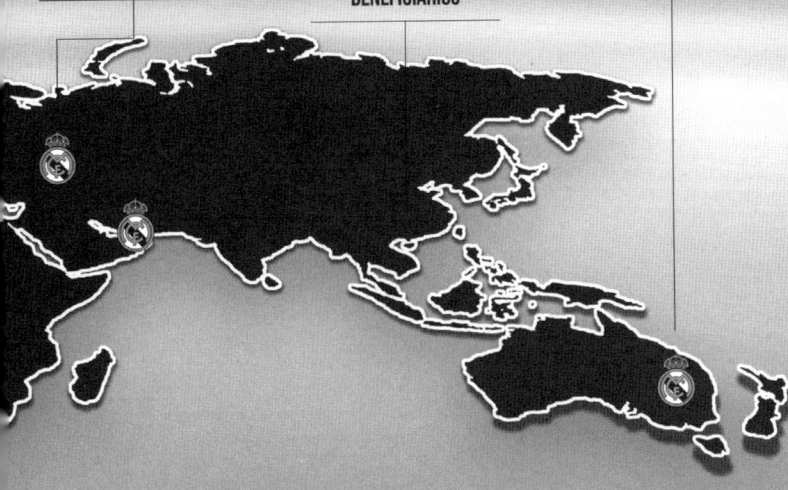

46
CAMPUS
10 PAÍSES
5.092 BENEFICIARIOS

474
CLÍNICS
45 PAÍSES
47.853 BENEFICIARIOS

EUROPA
12
ESCUELAS

AZERBAIYÁN   PORTUGAL
BULGARIA   REINO UNIDO
HUNGRÍA   RUMANÍA
ITALIA   RUSIA

806
BENEFICIARIOS

ORIENTE MEDIO
47
ESCUELAS

ARABIA SAUDÍ   ISRAEL
BARÉIN   JORDANIA
EMIRATOS   KUWAIT
ÁRABES UNIDOS   LÍBANO
IRÁN   PALESTINA

3.038
BENEFICIARIOS

ASIA-PACÍFICO
26
ESCUELAS

AUSTRALIA   INDIA
CAMBOYA   INDONESIA
CHINA   FILIPINAS

5.634
BENEFICIARIOS

Manifiesto madridista

por
Jorge Escohotado

La diferencia*

Para algunos es más difícil proseguir que llegar, porque la tenacidad competitiva solo es consustancial en quien goza retándose, y logra trabajar por puro gusto. En el Real Madrid ese ánimo contagia cada temporada a una veintena larga de talentos, borrando en gran medida la frontera entre titularidad y suplencia; pero año tras año toca hacer frente a rivales que estudiaron a fondo su fortaleza, además de igualarle en capacidad adquisitiva, y será arduo quedar bien sin recobrar la humildad del meritorio.

Hasta el mejor equipo topa con otro excelente, y debe hacer valer ese plus contra el viento y marea oceánicos, cuando la falta de acierto le niega al talentoso goles, regates y asistencias. Porque ni todo lo que reluce es oro, ni todo lo que oscila cae. Cuando llegaste a jugar de miedo, y muchos títulos seguidos cayeron de tu lado, en vez de mejorar las cosas empeoran por razones nada misteriosas, que incluyen ver estudiado a fondo tu estilo

---

* Texto basado en crónicas de mi padre publicadas en *La Galerna*.

y jugarte con profilaxis, previniendo tus virtudes más ostensibles y forzándote a innovar.

El compromiso madridista de «vencer en buena lid» —una línea quizá insólita en himnos de su tipo— le ahorra recursos al victimismo no infrecuentes en otros clubs, dispuestos desde el primer minuto a plantear en cada partido lo más ajeno a un lance lúdico, donde los actores juegan en vez de guerrear o quejarse amargamente. A diferencia del resto, los jugadores y seguidores merengues están acostumbrados no solo a triunfar sino a convencer, y mientras esto se mantenga hay sólidas razones para esperar que lo logre una y otra vez.

Quien pretenda ganar a toda costa —aunque sea ayudado por el puño divino, a lo Maradona— ni sabe jugar ni respeta al adversario, un concepto que incluye no solo a los once figurantes que actúan en cada campo, sino también a quienes disfrutan desde la grada del armónico ballet escenificado por ellos. Esto es absurdo para el hincha, pues no en vano es él quien siente «rechazo o disgusto» (RAE), proyectándolo sobre cualquiera distinto de «los suyos».

No se imaginan algunos cuán placentero resulta ver fútbol intentando ser ecuánime, como cuando vamos a un museo o al cine. Exagerar, provocar de modo subrepticio y toda suerte de artimaña análoga es impropia del campeón de campeones, entre cuyos títulos de orgullo está no contratar o renovar a personas de esas características.

Los antiguos griegos representaban la memoria como una vasija agujereada, e incapaz por lo mismo de colmarse a largo plazo, aunque —incluso así— divina por ensartar las cuentas en otro caso sueltas del ayer. Las cuentas de este club con el ayer son sencillamente las mejores del planeta, a gran distancia del segundo, y eso explica que sus seguidores sean, en parte, como los hinchas de otros equipos y, en otra parte, exigentes de verdad, disconformes con cualquier cosa distinta de ejemplificar la excelencia, lo cual significa que resulta preferible perder a ganar por chamba o trampa.

No hay duda alguna de que el deporte, fundado hacia el siglo IX a. C. con los Juegos de Olimpia, pertenece al orden lúdico de actos, y tampoco que con ellos se inventó una lucha por el reconocimiento no acosada ni por ganarse la vida ni por prevalecer sobre un enemigo mortal. Al contrario, aprendimos entonces a luchar contra nosotros mismos, sin asomo de trampa pero sin asomo de tregua, descubriendo el agonismo del héroe pacífico que solo arriesga el infarto por ampliar una marca, precedido en este empeño por el noble Hércules, fundador de aquellos Juegos para festejar el asesinato de un joven amigo.

El Real Madrid juega año tras año a ser el rey del fútbol internacional, y lo hace segundo a segundo, esforzándose por dominar cada lance. Cuando no tiene la pelota suele defender con presión en todo el campo, achuchando cuanto más arriba mejor, y una potencia física y técnica superior a la media le permite recurrir también a resistencias numantinas en momentos donde el acierto del rival impone retroceder. Pero lo admirable es cuando tiene la pelota y se obstina en demostrar a su oponente que es superior hombre por hombre, citando sistemáticamente al contrario como el torero cita al toro sobre el albero, proponiéndole que ejerza una presión análoga a la suya, pues apuesta por salir de ella con paciencia, esmero, imaginación y no infrecuente puntería a la hora de finalizar.

Comparadas con las Ligas, las Copas demuestran que normalidad y regularidad son conceptos vacíos cuando la capacidad de improvisación y adaptación prevalecen sobre el automatismo. En vez de ahorrarnos deliberar, como logra la costumbre, jugárnoslo todo a una carta prueba que la realidad nunca está decidida sin darnos oportunidades de intervenir, y somos siempre más libres de lo insinuado por el cálculo de probabilidades. Transitar de la potencia al acto depende de nosotros en inmensa medida, sin descartar por ello el peso constante de la casualidad.

La exigencia

Vivir de las rentas siempre será arriesgado, para empezar porque la naturaleza hizo a las presas invulnerables casi siempre si no se consintieran el hieratismo de tal o cual costumbre, y cuanto más nos obstinemos en mantener un hábito más claro quedará que «querer» no basta para «poder». De ahí que, hasta que el entendimiento acuda en socorro de la mera voluntad, ni renunciaremos al ingrato abrazo ni aprenderemos a abrazar mejor.

Viendo cómo con el paso de las jornadas merma la confianza en el uno contra uno de jugadores destacados por su descaro, mientras por momentos se va a pique la serenidad del conjunto y el peso de la gloria aplasta a simples mortales falibles agigantando sus reveses, comprendemos cuánto más sencillo es ganar que proseguir ganando. Así de severa es la naturaleza, cuando derramar sus dones deja autosatisfecho en vez de dispuesto a seguir bregando por su merecimiento.

Quien juegue siempre bien ya puede ir levantando el brazo cuando pasen lista porque no se conoce tal cosa más allá de cierto tiempo, y la victoria debe dejar contento al aficionado, salvo si pertenece al grupo de gente que aparenta interesarse por el balompié pero en realidad quiere ver humillado a uno y exaltado a otro, y se pasa la retransmisión ignorando cualquier cosa no reconducible al fanatismo.

Al Madrid le sobran efectivo y afición para conformarse con vivir anacrónicamente, y estoy seguro de que, a Florentino y a Sánchez, a la manera de Bernabéu y Saporta —de quienes ya se ha hablado en páginas anteriores—, les consta que la innovación es el activo supremo. Sin prisa ni pausa, la pauta del logro reclama prioridad incondicional sobre la del derecho adquirido, entre otras cosas porque la casa blanca no es un departamento universitario ni una sección sindical o una cofradía de fanáticos, sino el laboratorio donde pegarle patadas y cabezazos a un cuero esférico se convirtió en arte seductor para el mundo entero.

Salvo el Barça, el Manchester City y el Bayern, cuyas plantillas rebosan fuerza y talento ¿hay algo remotamente parecido a lo que la dupla directiva de Valdebebas ha logrado reunir? Parece que no, y se da el caso que el factor añadido —la experiencia de triunfar en las ocasiones supremas— lo ostenta el Real Madrid. Porque el paso del tiempo solo deja en ridículo a quien prescinda de merecer sus logros. Así son las cosas, y en eso se centra a veces la herida del tiempo.

El goce

Qué gozada son los partidos cuando ambos contendientes son valientes y tiran para adelante, permitiendo que nos vayamos al descanso con diez ocasiones de gol, un par de palos y una veintena de regates, controles, filigranas y pases admirables. Vaya encuentros vemos en el siglo XXI, y qué lujo poder hacerlo con cámaras múltiples, repitiendo y ralentizando momentos. Pena da que algunos ignoren cosa distinta del resultado, cuando una vez más el camino se enseñorea del escenario, desplegando la gloria de sus pormenores. Cuando dos grandes equipos salen a presionarse por todo el campo, a la clase y el fondo físico de cada uno se añade el azar de cada rebote, porque no uno sino varios atletas de su calibre aciertan a cubrir casi cualquier zona, pero dónde acabe apareciendo la pelota tras cada disputa resulta incontrolable. Todo cuanto está a su alcance es echarle puro brío a cada lance.

Cuando Hamlet se pregunta ¿ser o no ser? vacila entre aceptar pasivamente los reveses de la fortuna o alzarse ante el mar de obstáculos, sabiendo que nada sale a la primera y, rara vez, a la enésima, porque la excelencia jamás se regala. Sin embargo, lo real no protege a nadie bajo su terruño o ramaje; quien perdona abona lo inverso de su propósito, y fallar jamás se cumple en vano.

Debes demostrar quién eres aquí y ahora, en una sucesión tan regular e implacable como la del luminoso marcador, porque vivir del cuento no dura más que el camelo en otros órdenes de la vida, y que se añadan tres o cuatro ceros al salario de cada figurante debe exacerbar la exigencia, en vez de difuminarla respecto a los galones y otras figuras retóricas del gremialismo.

La tónica de los equipos sigue siendo a menudo sobar el balón, combinando la variante *patrás* con cambios de banda tanto más previsibles cuanto que su lentitud permite al contrario acabar encimando, y la pesantez genérica del juego termina periódicamente con algún pase impreciso, cuando no con la cesión a un compañero peor situado, pues regatear o chutar da miedo. Pero vencer en buena lid no admite que los porteros rivales cumplan sencillamente con no apartarse de la trayectoria del balón, y los ataques pretendan solventarse con rutinarios cambios de banda, sin que nadie regatee con éxito en las inmediaciones del área.

Para quienes lo presencian como una variación enérgica del ballet, colmada de lances memorables, el Real Madrid no ha dejado de ser el que sorprendió sacando el balón desde atrás con primor, sabiendo atacar en estático, tras décadas de jugar al contraataque, apoyándose en la potencia atlética de algunos de sus puntas. Así juega ahora tan solo a veces, demostrando más capacidad adaptativa que nunca, y el problema —cuando acontece— se reduce a un bucle de malos controles, pases desmedidos y fallos parejos que minan la confianza inmediata y convierten lo difícil en imposible, mientras van sucediéndose las ocasiones de gol marrado. Faltos de ese sí interior, los jugadores se convierten en análogos de la gelatina, que tiembla con el movimiento del plato, pero no logra desplazarse un milímetro, y cuando llega el momento de salvar un peligro o rematar se achican ellos solos, como cómplices de la adversidad.

Cuando el adversario juega a no dejar jugar es difícil armar jugadas no interrumpidas por falta, y no hay mejor recurso para su rocosa resistencia que ir renovando sin pausa las alineaciones, porque entrar y salir demuestra a cada uno la necesidad de ganarse el puesto, y dosificar los esfuerzos de la plantilla permite oponer al entusiasmo de contrincantes con menos fondo de armario no solo otro tanto, sino músculos más oxigenados. Esto trae a la memoria «el murciélago rasgando la porcelana del atardecer», en los términos del poeta Rilke, quizá debido a que cuando el Real Madrid sale a jugar al primer toque y bien conjuntado le hace un roto zigzagueante a cualquiera porque combina el mérito con la suerte, imponiendo a todos subir y bajar sin pausa alguna.

El homenaje

Cuesta admitir que el Real engendre enemigos distintos de los que enarbolan patrias chicas o rencor de clase; pero los blancos encarnan la excepción confirmadora de la regla, al ser el ruedo ibérico un entorno tan proclive a detestar el mérito como el que más. Por supuesto, quien envidia rebosa admiración hacia el envidiado, aunque se las ingenia para profesar una forma invertida del amor, capaz de guiarle como si no fuese el origen de cualquier odio crónico, en vez de momentáneo.

Afirmar siempre será previo, además de más valiente, que negar. Los adjetivos son la parte subjetiva del lenguaje, que cuando describe eventos de forma desapasionada debe tener bastante con sustantivos y verbos. Como en los icebergs, que solo exhiben un noveno de su masa, las nueve décimas partes ocultas son un clamor de admiración no por silenciada menos imponente. Los enemigos del Real Madrid gozan con el mal ajeno, y al topar con la frustración optan por lo más común en tales casos, que es proyectar como realidad el mero deseo. Pero la peña madridista se equivocaría reaccionando con indignación ante el manifiesto progreso de la malquerencia, que como cualquier otro fruto del ánimo rencoroso atestigua el progreso de la reverencia.

La envidia es el más alto homenaje al alcance de ciertas almas, incapaces de apreciar sin ambivalencia. Así como al rico de espíritu le alegra el bien ajeno, al pobre le entristece eso mismo, y podría parecer que sale indemne de desear el mal cuando más bien se condena al desprecio interno y externo. Pero peor aún es depender indefinidamente de que la inquina prevalezca sobre la concordia, porque somos la más interdependiente de las especies, y quien se consienta el rencor como brújula pone su esperanza en que «no ser» equivalga a «ser», algo tan vano como que llueva hacia arriba.

En otras palabras, la envidia es la única forma crónica del odio, que sin su apoyo tiende a diluirse como los arrebatos, aunque paga su deuda con el ser —entiéndase por tal lo positivo, la substancia en sus infinitas vertientes— siendo amor pervertido, a fin de cuentas. Por supuesto, es el amor que mata por excelencia, fuente para empezar de todos los crímenes pasionales, y por eso en bastantes lenguas celos y envidia se nombran con el mismo término. Sin embargo, al envidiado siempre le corresponderá la posición del señorío, y al envidioso la de servidumbre.

A través de las líneas precedentes se ha querido aportar una actitud parecida a la de Bernabéu, dispuesta a volcar la exigencia hacia dentro, pues allá el envidioso con su torcida forma de admirar. Otros clubs se aferran al fanatismo de la patria chica; pero estamos comentando las peripecias del único que llena la tierra entera, y que quizá exige de su parroquia una actitud siempre más próxima a la ecuanimidad que a ninguna otra cosa.